« NOTRE-DAME » DE PRASLIN

DU MÊME AUTEUR

A la même librairie :

L'Histoire Tragique de la Belle Violante. 4ᵉ édition.
Ouvrage couronné par l'Académie française.
Péché d'Aveugle, roman.
L'Assassinat de M. Fualdès, préface de Marcel Prévost, de
l'Académie française. 4ᵉ édition.

Nouvelle Librairie nationale :

Les Routes de Gascogne, contes et croquis de chez moi.
L'Empire du Soleil, scènes et portraits félibréens.
L'Anthologie du Félibrige (en collaboration avec M. J.-R.
de Brousse).
L'Anthologie des Jeux Floraux (en collaboration avec
M. J.-R. de Brousse).

Librairie Lemerre :

La Tragédie du Soir, poèmes (*épuisé*).

Librairie du Temps présent :

Le Cantique des Saisons, poèmes, ouvrage couronné par
le Comité de littérature spiritualiste (*épuisé*).

Librairie Bloud et Gay :

Jamais plus, roman.

Renaissance du Livre :

Provinciaux (Bibliothèque internationale de critique).

Librairie Hachette :

L'Aventure de la Duchesse de Berri (Récits d'autrefois).

Librairie Didier et Privat :

Histoire anecdotique des Jeux Floraux.

DRAMES JUDICIAIRES D'AUTREFOIS

ARMAND PRAVIEL

« NOTRE-DAME » DE PRASLIN

PARIS
LIBRAIRIE ACADÉMIQUE
PERRIN ET Cⁱᵉ, LIBRAIRES-ÉDITEURS
35, QUAI DES GRANDS-AUGUSTINS, 35
1926

Il a été tiré de cet ouvrage
trente exemplaires numérotés sur papier vergé pur fil
des Papeteries Lafuma.

A MARCEL PRÉVOST

maître ès psycho-physiologie conjugale,

reconnaissant hommage.

A. P.

PREMIÈRE PARTIE

LE ROMAN

CHAPITRE PREMIER

UN BEAU MARIAGE

Le 19 octobre 1824, les habitants de la rue de
Vaugirard furent vivement intéressés par un spectacle insolite. Une file de carrosses de gala, dans
la matinée, vinrent stationner devant le palais
de la Chambre des Pairs. Les équipages piaffaient.
Au bras des uniformes chamarrés, descendaient
des voitures des toilettes froufroutantes, des robes
à volants découpés, couleur Eveline ou Ipsiboé.
De clairs bouquets blancs sur les mousselines
brodées exhalaient leurs parfums imprévus dans
l'air déjà vif, sous la lumière atténuée de l'automne. Dans la chapelle du Luxembourg, trop
petite pour la circonstance, M. l'abbé Feutrier,
curé de la Madeleine, vicaire général du diocèse
de Paris, devait, par délégation spéciale, bénir
un grand mariage.

Dans ce quartier paisible et provincial, où l'on
voisinait de porte à porte, où, chaque soir de cet

été finissant, les bourgeois et les boutiquiers avaient accoutumé de prendre leurs repas en pleine rue, tandis que leurs garçons jouaient aux barres et leurs demoiselles à colin-maillard, la nouvelle avait vite couru de bouche en bouche. Chacun savait qu'il s'agissait de l'union de mademoiselle Sébastiani della Porta avec M. le marquis de Choiseul-Praslin, union dont les formalités civiles avaient eu lieu, la veille, vers la fin de l'après-dînée, à la mairie du 1er arrondissement.

Malgré le luxe des livrées et le piétinement orgueilleux des chevaux, malgré la dérogation qui ouvrait aux mariés, au lieu de l'église de l'Assomption, affectée à leur paroisse, la chapelle soigneusement réservée aux nobles Pairs, les badauds étaient sympathiques à la cérémonie. Les deux familles qui en étaient l'objet vivaient assez à l'écart du pouvoir. Elles le prouvaient en n'observant pas, à cette heure, le deuil des royalistes, en n'attendant même pas que Louis le Désiré fût inhumé à Saint-Denis.

— Peuh ! disait-on, pourquoi le général Sébastiani se préoccuperait-il de la Cour ? Après sa splendide carrière sous l'Empereur, il ne doit rien aux Bourbons. — Il est même passé en Angleterre, au lendemain de Waterloo ! — Oui, et s'il est rentré, c'est pour prendre sa revanche par la politique, en se faisant élire député libéral de la Corse, en 1819. — Il ne l'est pas demeuré longtemps. — Hum ! ne croyez-vous pas que, maintenant, il chercherait à se rallier, comme il l'a fait une première fois en 1814 ? Ces Choiseul-Praslin, cela se rattache directement à la féodalité ! On m'a dit que leur famille remontait jusqu'à un certain Reinier qui florissait dans le Bassigny et le Comté de Langres en 1060. Ils comptent, paraît-il, dans leurs fastes un Croisé notoire, quatre maréchaux de France, plus de trente lieutenants-généraux et maréchaux de camp, des ministres et des ambassadeurs. Ils ont obtenu l'érection de leur titre en duché depuis 1758 et en duché-pairie depuis 1759. Ils descendent du ministre de Louis XV, du Choiseul réorganisateur de la marine, membre honoraire de l'Académie des Sciences, protecteur de Borda, Chabert, Cardonie et Bougainville, et qui, en abandonnant son portefeuille, a laissé dans nos ports, agrandis et fortifiés, soixante-dix vaisseaux de ligne et cinquante frégates. Que diable! On ne peut avoir oublié tout cela aux Tuileries ! — Mais, monsieur, tout cela est d'un passé bien passé... et même trépassé ! Le petit-fils de ce Choiseul dont vous connaissez si bien l'histoire, ne s'est pas gêné, comme député de la noblesse d'Anjou aux États Généraux, pour tendre la main au Tiers-État, pour cravater nos drapeaux des trois couleurs et pour approuver hautement la conduite des commissaires qui ont ramené Louis XVI de Varennes à Paris. Vous voyez que ce ne sont pas des *ultras*. Comment donc ! Ils se sont attachés à Bonaparte. Ils figurent, comme le général Sébastiani, dans les rangs du parti libéral. Nul ne

saurait leur reprocher leurs quartiers de noblesse...

Inutile d'insister. Tout le monde approuvait. Et
puis, les mariés avaient conquis toutes les com-
mères. Si jeunes d'abord, dix-sept et vingt ans à
peine ! Lui n'ayant jamais quitté sa famille, et
grandissant sous la douce influence de sa mère,
dans un hôtel du noble faubourg Saint-Germain
ou sous les ombrages du château de Vaux ; elle
dont la romanesque histoire amenait des larmes
dans tous les yeux.

Altarice-Rosalba Sébastiani della Porta était née
le 14 avril 1807, à Constantinople, au milieu des
plus tragiques événements. C'était l'époque où le
Général, héros de la campagne d'Italie, glorieux
blessé d'Austerlitz, avait été envoyé comme ambassadeur auprès du Sultan, avec l'ordre de chasser les Anglais des Dardanelles. La mission ne fut
pas sans difficulté. Il avait emmené avec lui sa
femme, Fanny de Coigny, qu'il aimait d'un ar-
dent amour. Elle allait être mère, et elle le fut, en
effet, à l'heure où, sous la menace des canons
français, l'Amiral Duckworth évacuait les dé-
troits. Fut-ce la conséquence du climat d'Orient
ou des angoisses de la jeune épouse ? Elle mourut, trois semaines après la naissance de sa fille,
en laissant, sous la lumière ironique de Stam-
boul, son mari à la fois vainqueur et désespéré.

Dès lors, cet ambassadeur de trente-quatre ans,
déjà couronné de lauriers, reporta sur la frêle et
l'unique enfant qui lui restait la tendresse ar-

dente de son âme corse. Lui qui n'avait jamais eu peur, il trembla pour elle. Il voulut l'écarter aussitôt de cet Orient fatal, qui avait coûté la vie à sa mère. Il n'eut plus qu'une idée, qu'un rêve, au milieu de tous les soucis qui le tenaillaient sans relâche : renvoyer la petite Rosalba en France, auprès de son aïeule de Coigny, à laquelle ses longues intrigues avec Lauzun avaient laissé le cœur le plus sensible, auprès de son arrière-grand-père, le vieux Duc, qui ne demandait qu'à l'idolâtrer.

Mais le voyage était difficile : la mer, sillonnée par les Anglais, offrait partout des embûches ; l'immense territoire russe déjà était hostile. Il fallait accepter l'hypothèse d'une longue randonnée à travers les Balkans et l'Italie. Le Général s'y résolut. Il confia sa fille à la bonne Desforges, sa nourrice, et à quelques serviteurs dévoués, et, sous la protection du Grand Turc, lança vers la France la petite cavalcade.

Dieu veilla sur elle. Altarice-Rosalba, après mille péripéties, finit par arriver à bon port. Elle pénétra en France, elle arriva à Paris presque au même moment où la dépouille mortelle de sa mère débarquait en Corse et était inhumée à Olmetta, dernier rendez-vous donné au vainqueur des Dardanelles.

L'enfant était sauvée. Elle pouvait grandir maintenant, comblée de gâteries et de cadeaux, éblouie de temps en temps par l'apparition rapide de son père, qui venait, couvert encore de la poussière de l'Espagne ou des neiges de la Russie, la serrer sur son cœur et livrer à ses mains enfantines ses aiguillettes et ses croix.

Dans la rue, autour des équipages piaffants, autour des laquais poudrés, telles sont les histoires que l'on colporte. On y en ajoute même d'autres moins certaines. Le romanesque qui a présidé aux premiers jours de Rosalba Sébastiani aurait continué à fleurir sur ses pas. Si jeune, après une éducation brillante confiée aux premiers professeurs de la capitale, elle aurait été vivement courtisée... On aurait promis sa main au duc de Fitz-James... Mais des discussions d'intérêt, qui ne pouvaient manquer de surgir autour d'une fiancée déjà nantie d'une énorme fortune, auraient amené la rupture de ce projet. C'est alors qu'avec la fougue ingénue qui constitue une grande partie de son charme, la jeune Corse aurait donné sa main au marquis de Choiseul, presque un enfant comme elle, et qu'elle aurait remarqué au bal.

Mais la cérémonie est terminée. Le vénérable abbé Feutrier, qui, l'année prochaine, sera évêque de Beauvais et ministre de la liste civile de Sa Majesté, a accordé aux époux sa dernière bénédiction. Ils ont signé leur acte de mariage : Rosalba, d'une plume sentimentale et lourde, aux jambages appuyés et penchés, Théobald d'une écriture nerveuse qui semble se replier sur elle-même. Ils sortent au bras l'un de l'autre ; le soleil d'octobre les salue, et les curieux les dévisagent.

On ne peut imaginer époux plus dissemblables :
le marquis de Choiseul-Praslin est d'une taille
moyenne mais bien prise, — cinq pieds trois ou
quatre pouces. Il a le nez un peu fort, la bouche
sensuelle et souriante, toute la physionomie empreinte d'une extrême douceur ; mais ce qui
frappe surtout quand on le voit pour la première
fois, c'est son teint blanc et pâle, ses cheveux et
ses courts favoris d'un blond fade. Il a l'air d'être
né outre-Manche. Les gens bien renseignés pré-
tendent que ces caractères ont pénétré dans la
famille par cette duchesse de Choiseul-Praslin
qui était la fille de Charles O'Brien, vicomte de
Clare, descendant d'une antique famille d'Irlande
et dont le nom est cité dans notre grande épopée
nationale, *la Henriade.*

A côté de ce jeune lord, la nouvelle Marquise
paraît plus méridionale encore. Malgré les voiles
vaporeux qui la dérobent à demi aux regards,
elle s'avère brune et robuste, les prunelles de jais,
les traits nets et décidés, le teint mat, le corps déjà
plantureux sous le fourreau de satin à longue
traîne. La nature mystérieuse, pour en venir
mieux à ses fins, recherche des contrastes entre
les époux : nulle part, ils ne s'affirmèrent plus
fortement ; mais, à voir ce blond marié indécis
auprès de cette vigoureuse Italienne, on se demande si les lois ordinaires du ménage ne vont
pas être ici renversées.

Derrière eux, l'attention s'égaille. Une magnifique silhouette domine le cortège : François-

Horace-Bastien, comte Sébastiani della Porta, en grand costume de général de division, décoré de la Légion d'honneur et de la croix de Saint-Louis, justifie encore, après la cinquantaine, le surnom de « Cupidon de l'Empire », qui lui a été donné par l'abbé de Pradt. Il porte beau sa tête frisée et ses favoris ronds à peine grisonnants. Comme l'on dit, on sent qu'il conserverait sa grâce dans un sac et son agilité dans un étau.

Non loin de lui, comme un perpétuel reflet, on remarque son frère, Jacques-André-Tiburce, qui l'a suivi partout, en Espagne, en Russie, en Allemagne, à Waterloo, et qui, mis en non-activité pour sa fidélité bonapartiste, attend des jours meilleurs.

A côté d'eux, voici le père du marié, le duc Charles-Raymond-Laure-Félix, qui, étrangement ballotté par la politique, est entré à la Chambre des Pairs le 4 juin 1814 pour avoir salué le comte d'Artois avec enthousiasme, en a été expulsé le 24 juillet 1815 pour avoir réclamé le drapeau tricolore au nom de la Garde Nationale, et n'y est rentré qu'avec la fournée des soixante opérée par M. le duc Decazes. On sourit. Ce n'est pas uniquement à ce personnage dont les lèvres pincées rappellent l'avarice légendaire que l'on doit de célébrer ici ce beau mariage. Mais les témoins sont là : le baron Pasquier, ancien Garde des Sceaux de France, Charles-François-Victurnien prince de Beauvau, Émile Le Tonnelier de Breteuil, oncle maternel de l'époux, le duc de Coi-

gny, oncle maternel de l'épouse, aide de camp
de S. A. R. le duc de Bordeaux, tous pairs de
France, et d'une façon moins mouvementée.

Superbe cortège, qui s'empresse maintenant
de remonter en voiture. Au passage, on note rapidement des figures connues : la générale Sébastiani, veuve du général Davidoff, la duchesse de
Choiseul-Praslin, née Laure Le Tonnelier de Breteuil, la princesse de Beauvau, le lieutenant-général Jean-Thomas Arrighi, duc de Padoue, et puis,
tout d'un coup, un groupe rieur : Edgar, Césarine, Régine, Laure et Marguerite de Praslin,
frère et sœurs du marié, tous ivres de joie de faire
ainsi, avant l'heure fixée, leur entrée dans le
monde, et qui suivent, éblouis, les moindres
détails de ce grand jour.

Dans la chapelle Renaissance au cintre sur-
baissé, surchargée de peintures et pleine de fleurs,
les cires s'éteignent et fument. La foule des invi-
tés regagne ses voitures. Hauts shakos empana-
chés, habits brodés de l'Institut et de la Pairie,
coiffures à l'Ourika et rubans Trocadéro, écharpes
de barèges et robes en flamme de punch. La Cour
est enfermée dans son deuil, mais tout Paris est
là, Paris qui voit dans cette union de l'aristocratie
d'hier à la gloire nouvelle, de l'arrière-petit-
neveu de Choiseul à la fille de l'ancien sémina-
riste de la Porta d'Ampugnano, le symbole de la
France qui continue sa marche et qui ne veut pas
mourir.

Les nouveaux époux sont installés dans leur

carrosse. On a refermé la portière décorée à leurs armoiries : d'azur à la croix d'or, cantonnée de dix-huit billettes du même, cinq posées en sautoir dans chaque canton du chef, quatre posées en carré dans chaque canton de la pointe. Les gros cochers galonnés rendent les rênes. Les voitures s'ébranlent au grand trot, tandis que la foule, bousculée, s'écarte.

— Qu'est-ce donc qui passe ainsi dans cette brume d'or de l'automne, où Paris semble plus royal et plus beau ? Ce sont deux enfants qui vont vers la vie, les mains enlacées, les yeux dans les yeux. Ils ont l'amour, ils ont la fortune, le nom, le passé, la jeunesse, la santé, la gloire. Leur équipage, à toute allure, les mène vers le bonheur. Et le passant, qui voit défiler le cortège, s'oublie, sans qu'on doive lui en vouloir beaucoup, à le considérer avec un œil d'envie et de sourde révolte contre sa médiocre destinée.

— Pourquoi ceux-ci et non pas moi ?

... Ah ! qui peut jamais savoir ?...

CHAPITRE II

L'hôtel Sébastiani était situé dans le faubourg Saint-Honoré, au N° 55. C'était un des endroits les plus élégants de Paris. On rencontrait aux alentours les ambassades d'Angleterre et de Mecklembourg, les hôtels Pontalba, Castellane, Bagration, la Trémoïlle. Mais lui, vous le chercheriez vainement aujourd'hui. Son numéro lui-même a disparu. Il se trouvait exactement sur l'emplacement que traverse, depuis 1860, la rue de l'Élysée.

Sur le faubourg, il ne présentait qu'une façade très exiguë : une haute porte cochère cintrée, flanquée de deux colonnes et surmontée d'un entablement de style dorique ; à droite et à gauche de cette entrée solennelle, deux corps de logis d'un rare banalité, où demeurait le portier, où s'abritaient les remises et les écuries. Ces deux bâtiments formaient par leur rapprochement parallèle une assez longue avenue, d'une soixantaine de mètres environ, qui débouchait dans l'enclos et les jardins de l'hôtel.

Ceux-ci étaient entourés de murs de trois mètres de hauteur qui tournaient sur des chemins de ronde ; à gauche, c'était ensuite un terrain vague qui rejoignait l'avenue Gabriel et l'hôtel Castellane ; à droite, l'Élysée-Bourbon, dont on apercevait les belles constructions, à travers le feuillage.

Au centre de cet enclos, régnait une séduisante habitation en pierre blanche, bâtie dans ce style du xviiie siècle qui ne parle que d'élégance et de plaisirs. Au fond d'une cour sablée, elle étalait une façade modérée, de trois hautes portes-fenêtres, que venaient encadrer deux pavillons. Elle comprenait un rez-de-chaussée surélevé, un premier étage que ceinturait un somptueux balcon et un second étage mansardé, dont les courtes fenêtres ornementales se détachaient agréablement sur une toiture d'ardoise à pans coupés.

Le centre du logis, que l'on rencontrerait après avoir gravi cinq ou six marches sous une large marquise, était occupé par une vaste antichambre que suivait le salon de réception, accompagné à gauche par la salle à manger, à droite par les appartements privés. Ce salon était une pièce délicieuse ; ses trois portes vitrées, au midi, donnaient sur les jardins qu'une double grille séparait de l'avenue Gabriel. Du coup, en plein Paris, on se serait cru à la campagne. Les frondaisons des vieux arbres rejoignaient celles des Champs-

Élysées et des parcs du voisinage. Des hautes fenêtres sans balustres, on n'apercevait que de la
verdure et des fleurs. Et le charme délicat du
dehors répondait au luxe aristocratique de l'intérieur, où les Coigny avaient laissé le parfum
inégalable de l'Ancien Régime finissant. Vraiment, un jeune couple ne pouvait souhaiter un
cadre plus suggestif et plus discret pour sa lune
de miel.

Aussi, après une brève visite au palais de Vaux,
dont l'ombre de Fouquet ne suffisait pas à ressus-
citer l'ancienne splendeur, le marquis et la marquise de Praslin passèrent l'hiver dans cette demeure enchantée. Ils y vécurent de tendres
heures : lui dans la fougue d'une nature impul-
sive que l'épicuréisme du siècle défunt avait particulièrement disposée à jouir de l'amour ; elle
avec tout l'abandon d'un cœur à la fois mystique
et passionné, qui, dans tous les baisers, savait
goûter de l'infini.

A la belle saison, ils quittèrent la capitale ; ils
allèrent s'installer en Normandie, dans le château
du Vaudreuil, aux environs de Louviers. C'était
encore un des domaines que la jeune épousée
avait apportés dans sa corbeille de noces. La
grasse province aux pommiers fleuris, aux prai-
ries verdoyantes, au ciel humide et transparent y
renouvela leur joie d'être ensemble.

Le Vaudreuil, ancienne propriété féodale, éle-
vait, dans un parc vaste et touffu, aux bords
riants de l'Eure, un vieux château gothique

que le duc de Coigny avait eu la velléité de restaurer l'année précédente : mais on n'habitait pas cette ambitieuse bâtisse à peine sortie du sol ; une merveilleuse demeure, élevée en 1759 par le président Jean-Louis Portail, près de l'Orangerie qui lui avait donné son nom, alignait au sommet d'une large pelouse sa façade carrée, de onze fenêtres, que coupaient et soutenaient à la fois des colonnes d'ordre corinthien et que couronnait une balustrade à l'italienne. Les jeunes époux y retrouvaient, dans le parfum d'enivrants orangers, la grâce séduisante et souriante de l'hôtel Sébastiani, avec un accord, plus complet encore, de l'architecture, du ciel, des eaux et des bois, de ces bois où alternaient gracieusement les ormeaux et les pins, l'ombre bleue des cèdres et le fût blanc des bouleaux.

Le Marquis se laissait aller, sans trop penser, à cette existence facile, où il avait tout à souhait, sans qu'il doutât, même une seconde, que tout cela ne lui fût naturellement dû. Il pratiquait le *carpe diem* avec une parfaite insouciance et la campagne flattait ses goûts de voluptueuse oisiveté. Quoique le Vaudreuil, moins somptueux, ne l'entourât pas de ce décor mondain cher à sa vanité aristocratique, il en aimait le laisser-aller, la libre allure, l'air vivifiant, les nuits étoilées et brûlantes. Avec plus d'amour encore, il y étreignait sur son cœur celle qu'il n'appelait plus que sa chère Fanny.

Depuis son mariage, en effet, celle-ci avait

abandonné les vocables solennels et romanesques dont on l'avait affublée au baptême : pour son Théobald, elle n'était plus que Fanny, et c'était ce prénom plus poétique et plus simple, hérité de sa mère, que l'on entendait retentir aux échos du Vaudreuil.

Pour elle, il n'y avait pas d'hésitation : c'est ici qu'elle se sentait plus heureuse ; non pas seulement parce qu'elle se trouvait plus isolée, plus libre auprès de son époux, mais surtout parce que le monde n'avait jamais séduit son âme intimement pénétrée des vérités éternelles. Ici, elle avait le village, avec les pauvres gens qu'elle aimait à visiter, qu'elle comblait d'aumônes et de soins ; elle avait l'église, qu'elle enrichissait de ses dons. Sa douce influence rayonnait partout. Elle souriait à la vie, et elle n'en recevait que des sourires.

Tous les dimanches, une élégante calèche quittait le château, traversait l'Eure, longeait les dépendances, l'ancien chenil, les bâtiments d'exploitation, et débouchait par une charmante petite route sur l'humble abside romane de Notre-Dame du Vaudreuil. La cloche tintait. L'étroite nef aux arceaux à plein-cintre, au chevet en contre-bas qu'emplissait un rétable à colonnes dorées, était toute garnie de villageois. Ils contemplaient avec respect le noble couple de Praslin, — car le Marquis, tout voltairien qu'il fût, ne manquait jamais d'accompagner sa femme, — s'avancer vers son banc seigneurial, entraînant une petite cohorte que chaque été nouveau augmentait d'une unité.

A un tel foyer, en effet, la bénédiction de Dieu ne pouvait manquer. Les enfants n'avaient pas tardé à venir le peupler de leur babil et de leurs ébats. Ce furent d'abord, au secret désappointement du Marquis, cinq filles, Isabelle, Louise, Berthe, Aline, Marie, puis trois fils, Gaston, Horace, Raynald, et encore une fille, Léontine. Au bout de quinze ans d'union conjugale, la couronne de madame de Praslin comptait neuf superbes fleurons.

Rarement avait-on vu un ménage aussi tendrement uni. Ils ne se séparaient jamais, et l'on en souriait autour d'eux.

— Tu ne peux donc pas quitter ta tourterelle ? écrivait Edgar de Praslin à son frère.

Même l'épreuve de la maternité, qui, parfois, désunit les foyers qu'elle devrait cimenter davantage, fut subie allègrement par eux. A leurs charges nouvelles avaient correspondu des ressources inattendues. Par suite de divers héritages, la fortune de la jeune Marquise n'avait cessé de s'accroître jusqu'à plus de dix millions ; et, de plus en plus, son heureux mari n'avait qu'à se laisser vivre au milieu des caresses de l'amour et des faveurs de la fortune.

Car ce n'était pas tout. Les événements de 1830, qui avaient frappé tant de grandes familles, avaient au contraire transformé sa situation, illuminé son avenir. Son beau-père, qui, depuis

1826, avait siégé, comme député de Vervins, aux bancs extrêmes de l'opposition, s'était vivement rallié à Louis-Philippe : il avait été des premiers à l'accompagner à l'Hôtel de Ville, au milieu de la fumée des Trois Glorieuses ; si, en qualité de ministre des Affaires Étrangères, son mot fameux : « L'ordre règne à Varsovie » lui avait causé quelque tort devant l'opinion, il ne l'avait pas empêché néanmoins d'être ambassadeur à Naples et à Londres et d'obtenir le bâton de maréchal, tandis que son frère cadet, lieutenant-général et pair de France, commandait la division de Marseille, en attendant celle de Paris.

Les Choiseul, dans cette marche aux honneurs, ne s'étaient pas trop laissé distancer par les Sébastiani. Louis-Philippe ne pouvait oublier que le duc de Praslin, dès sa jeunesse, s'était déclaré, comme son père, en faveur des principes de 1789, qu'il n'avait point émigré, et qu'au travers de ses nombreuses palinodies il était demeuré, avec assez de constance, l'homme des trois couleurs et de la Garde Nationale. Certes, depuis longtemps, il vivait effacé, modeste et parcimonieux : mais, comme député de Seine-et-Marne, il n'avait jamais manqué de voter avec le parti libéral. Les honneurs qu'il ne sollicitait point allaient pleuvoir sur son fils.

Dans les rares intervalles de tranquillité et de santé que lui accordaient ses nombreuses grossesses, la jeune Marquise accompagna son mari à ce château des Tuileries, où son père avait déjà ses petites et ses grandes entrées. Elle y gagna tous les cœurs. Le Roi, la Reine, Madame Adélaïde surtout vouèrent une affection particulière à cette belle grasse personne, qui, de jeune Corse sentimentale et un peu farouche, s'était changée en un modèle d'épouse et de mère de famille.

On la vit trop peu au gré de la Cour ; mais le Marquis y obtint très vite une place de choix. Il n'était guère causeur ; cependant sa froideur britannique, sa courtoisie parfaite, l'élégance impeccable de sa tenue, qui corrigeaient son teint blafard et ses mains bizarrement vulgaires, en firent un familier de la Maison Royale. Il ne tarda pas à devenir l'ami intime de L. L. A. A. R. R. le duc d'Orléans et le duc de Nemours, qui ne manquaient jamais de l'inviter à toutes leurs parties de chasse. Plus tard, on devait lui conférer le titre envié de chevalier d'honneur de la duchesse Hélène d'Orléans.

De tels succès avaient leur répercussion sur le reste de la famille. Les sœurs du Marquis que nous avons vues, toutes jeunes, se presser en riant au cortège de ses noces, s'établirent fort brillamment à leur tour : Césarine devint marquise d'Harcourt, Régine marquise de Sabran-Pontevès, Laure marquise de Calvière, Marguerite comtesse Hector de Béarn.

Heureux temps pour une telle société ! Il semblait que toutes les incertitudes fussent terminées, et qu'après avoir si fortement oscillé entre les extrêmes, la France lui offrît le régime moyen et stable qui lui permettrait sans angoisse de considérer l'avenir. Le sol paraît ferme. Il est couvert de gazon, piqué de fleurs. Nous nous y promenons, l'âme sereine... Prenez garde. Tout à l'heure, sans aucun avertissement, il va craquer sous vos pieds, entr'ouvrir des crevasses béantes... C'est que vous n'avez pas prêté l'oreille ; si vous l'eussiez fait, vous auriez entendu de sourds grondements, vous auriez senti les frémissements souterrains qui présageaient la catastrophe.

De même, voici des gens heureux : sous les ombrages du Vaudreuil, dans le jardin de l'hôtel Sébastiani, de beaux enfants se roulent sur le sable en poussant des cris de joie; d'autres jouent sur les genoux de leur mère. C'est à peine si elle a dépassé trente ans ; elle fleurit, comme la femme forte de l'Écriture, au milieu d'une nombreuse postérité. Elle compte parmi les privilégiées de la vie. Cependant, approchez-vous, penchez-vous ; examinez ce beau visage : il y a déjà au coin de cette bouche si pure un imperceptible pli de tristesse, et, sur ces grands yeux noirs, un voile de mélancolie...

CHAPITRE III

Le mariage des adolescents, que préconisent certains moralistes, expose les conjoints à de singuliers périls. Certes, il est noble, il paraît juste que le jeune homme, dès sa première effervescence, voue à la chaste compagne qu'il a choisie l'ardeur vierge qui le transporte; malheureusement, la nature polygame, tout entière occupée à poursuivre ses fins, s'inquiète fort peu des saintes lois du mariage. Quand un certain nombre d'années ont passé, l'époux se trouve déjà blasé auprès d'une femme qui, plus délicate, se fane avant lui ; c'est le moment où il a conquis l'indépendance de la fortune, la science de la vie. Il faudra que son cœur soit cuirassé, sa volonté presque héroïque, son imagination et ses sens prodigieusement disciplinés, pour qu'il écarte alors la tentation redoutable des voluptés qu'il n'a pas connues.

Pour accroître encore le danger, de nombreuses

naissances auront été la conséquence probable de son union précoce. Œuvre sublime que la paternité pour un cœur profondément chrétien ! Mais à quels sacrifices ne condamne-t-elle pas un tout jeune mari après l'enivrement de son premier amour ! Et si elle se renouvelle, si elle l'oblige à vivre presque constamment auprès d'une épouse indolente, gémissante, incapable de s'occuper de ses enfants, de sa maison, de son époux, quel secours ne faudra-t-il pas à ce dernier pour le conserver à son devoir, si une haute conception religieuse ou morale ne le domine pas tout entier! Présenter le mariage comme une sorte d'exutoire aux passions est une théorie singulièrement périlleuse, car nul état, pour être régulièrement pratiqué, n'exige plus de vertu.

Il semble que le marquis de Praslin s'en rendît compte au bout de quelque temps. Il s'était abandonné sans trop réfléchir à l'attrait puissant qu'il éprouvait pour sa femme et à l'amour que celle-ci lui manifestait. Pendant une dizaine d'années, il supporta d'un cœur soumis les conséquences de ces élans renouvelés. Les domestiques, si prompts à médire de leurs maîtres, l'ont reconnu. Mais, à mesure que des naissances successives l'exilaient de la couche conjugale, il considérait la vie, écoutait le monde, se trouvait un peu ridicule.

A ses yeux de philosophe sceptique, qu'était donc l'étrange existence qu'il vivait ? Marié à vingt ans, père de dix enfants à trente-cinq ! Il passerait de l'adolescence aux soucis de l'âge mûr et de la vieillesse sans avoir connu réellement le plaisir. Dans cette maison pleine de marmots, il commença à s'abandonner à de mauvais rêves.

La Marquise le devina très vite. Entre deux êtres aussi rapprochés, une mystérieuse intuition révèle les pensées les plus secrètes. Elle comprit ce qui manquait à son mari ; et comme sa nature, son éducation, sa race, les rudes secousses qu'elle avait subies, avaient extraordinairement affiné sa sensibilité, elle en fut frappée au cœur.

Personne, d'ailleurs, n'était plus mal préparé qu'elle à saisir les véritables causes de la situation et surtout à conjurer le mal. La façon romanesque dont elle avait été élevée, son défaut d'expérience, son ardente et rigoriste piété, la prédisposaient fort peu aux finesses, aux coquetteries, aux habiles manèges qu'une femme moins pure eût employés en pareil cas. Elle aimait son mari, elle n'avait jamais aimé que lui ; cette passion unique et dévorante lui avait apporté le bonheur, le bonheur le plus complet, car elle avait été sanctifiée par les bénédictions de l'Église, par le sourire même de Dieu. Aussi un tel amour l'occupait-il tout entière ; il surpassait de beaucoup en elle celui qu'elle pouvait éprouver pour ses enfants, dont son âme sérieuse et fougueuse pénétrait mal la puérilité.

Et maintenant, voici qu'elle s'apercevait que peu à peu son époux trouvait en dehors d'elle des raisons de vivre. Au lieu de lui tenir compagnie dans ses longues lassitudes, il commençait à chercher ailleurs des distractions auxquelles elle ne pouvait être mêlée !

Dès les débuts de leur mariage, il avait eu une propension, étant donné son caractère hésitant, à se laisser dominer par elle, et, pour reprendre un peu de son indépendance, il usait de ruse et de tergiversations. Elle crut qu'il lui suffirait de parler pour imposer de nouveau son empire. Fâcheuse tactique ! Il y eut des explications orageuses qu'elle fut la première à regretter.

Cher Théobald, écrivait-elle à son mari, le 28 janvier 1838, je me fais plus de reproches que tu ne peux l'imaginer ; je suis dans un état de découragement que je ne puis t'exprimer. Je sens, je vois tout ce que je devrais faire pour te rendre heureux. Je le désire plus vivement que tu ne peux te le figurer. Je ne songe même plus à ramener les choses sur un pied qui serait mon bonheur personnel ; c'est le tien seul que je veux, que je souhaite. J'en forme les plus fermes résolutions, mais un état d'exaspération que je ne puis contenir m'emporte à faire des choses que je blâme moi-même, et, permets-moi de le dire, je suis aigre et méchante, par les mêmes motifs qui te faisaient rire et chanter, il y a quelque temps, quand tu me voyais pleurer ; et, malheureusement, tu le vois, j'aggrave chaque jour mes torts, et cependant ils sont bien plus maintenant dans la forme que dans le fond.

Si tu savais comme je suis profondément affligée de te rendre ainsi malheureux ; mais, en vérité, je n'ai plus ma tête. Je ne me connais plus : tout m'amusait, me plaisait. Autrefois, le spectacle, une fête comme aujourd'hui me charmait. Eh bien ! tout me coûte, m'attriste, me pèse, me déplaît, parce que je suis mal avec toi et pour toujours, je commence à le craindre, à moins que tu n'aies pitié de moi.

Je suis dans un état trop violent pour qu'il puisse durer. Oh ! je tâcherai de me calmer, mais si tu savais ce que je souffre, tu m'en voudrais moins : je sens qu'en ce moment j'ai des droits à ta pitié et pas autre chose, mais je te sais si bon que je m'y confie en toute assurance.

Un péu de patience, je t'en conjure, pendant un peu de temps encore, avant de me repousser et désespérer de l'avenir de ton bonheur. Bientôt, je serai calme, résignée, je te le promets ; maintenant, je suis dans un état trop violent pour être jugée pour toujours.

De telles amendes honorables rapprochèrent quelque temps les époux. Raynald de Praslin en fut le gage. Cependant, durant cette dernière grossesse, pendant l'été, la situation devint plus pénible. Les circonstances, de nouveau, rendaient au Marquis sa liberté. Il en profita pour faire un voyage en Angleterre.

Ceci ne pouvait arranger les choses. Aggravé par son état, l'énervement de Fanny ne cessait d'augmenter.

Toujours inquiète, toujours soupçonneuse, elle se vouait à surveiller son mari, à faire épier sa correspondance et ses démarches. De là, datent de nouvelles scènes que nous a rapportées la bonne Euphémie, sa première femme de chambre, qui, fille de sa nourrice, avait été élevée avec elle et partageait tous ses secrets.

L'espionnage irrite particulièrement les faibles, qui, méfiants eux-mêmes, démasquent vite ses roueries. Très doux jusque-là, M. de Praslin fut outré des intrigues ourdies autour de lui ; il passa brusquement de l'inertie à la colère ; il voulut se dégager du réseau de tendresse jalouse que l'on tentait de jeter sur ses épaules, et il le fit avec la brutalité concertée d'un homme qui force son caractère. Fanny commença de verser des pleurs.

Ce fut entre eux une ébauche de séparation. La naissance de leur dernier-né ne les réconcilia point. Pour un homme profondément égoïste comme l'était le Marquis, il était visible que la vie conjugale était terminée. Sa femme, admirable esclave du devoir, lui avait donné dix enfants ; il ne souhaitait pas qu'avec sa conscience scrupuleuse, elle se mît en tête de lui en offrir d'autres. Un seul devoir lui restait à remplir envers sa race, celui d'élever pour le mieux cette nombreuse postérité. Quant à sa vie personnelle, il la mènerait maintenant à sa guise, et il désirait que sa femme en fît de même :

— Soyez heureuse, lui disait-il. Que voulez-vous de plus ? Vous êtes libre comme l'air. Vous pourrez faire ce que vous voudrez. Je ne m'en inquiète pas !

Pour lutter contre de telles tendances, que restait-il à madame de Praslin ? Rendre jaloux son mari, user envers lui des mêmes stratagèmes

dont il l'avait torturée ? Elle en était bien incapable, et cette idée, si essentiellement féminine
cependant, n'effleura même pas sa pensée... Et
puis, tout en ayant gardé ses nobles traits, ses
yeux de vélours et de flamme, elle avait profondément changé. Déformée par tant de maternités,
alourdie par l'embonpoint, elle n'avait plus les
charmes qui lui eussent été pourtant si néces-
saires pour ramener à elle un homme bien différent, lui aussi, du pâle petit marié de 1824. Il était
devenu plus fort, plus nerveux ; son allure était
plus assurée ; on devinait un corps d'athlète sous
l'élégance de ses vêtements, comme on sentait
une volonté qui s'affermissait sous sa froideur
polie.

Alors commença une existence quotidienne
vraiment pénible. La femme prend le parti le
plus déplorable, celui des scènes de reproches et
de douleur ; elle s'irrite, elle maudit, elle implore, et, chose plus maladroite encore, elle in-
voque les serments prêtés à l'autel, les droits de
l'épouse fidèle et dévouée. Seule dans sa chambre,
elle s'énerve, elle sanglote, elle cherche en vain
le sommeil ; elle se lève fiévreusement, vient jusqu'à la porte de celui qu'elle aime toujours ; elle
attend en vain, et elle n'ose entrer, car, tout à
coup, sa fierté la reprend : elle ne veut pas que,
le lendemain, son maître triomphe de sa faiblesse, s'en fasse de nouveaux titres à son indépendance... Et l'ombre se creuse comme un
gouffre entre les deux époux.

Chaque jour, en effet, les éloigne davantage. Comme M. de Praslin déteste les explications, les discussions véhémentes, son industrie s'applique patiemment à supprimer les tête-à-tête avec sa femme ; il s'ingénie à mettre entre eux les enfants, les grands-parents, les gouvernantes : la Marquise, au contraire, s'évertue à les écarter tous comme des fâcheux. Quand elle y a réussi, il s'esquive : et elle se retrouve seule, séparée de son mari et de tous ceux qui pourraient encore la consoler.

C'est alors que, de plus en plus, elle s'abandonne à lui écrire. Cette âme, qui ne peut nulle part exhaler sa douleur, se déversera tout entière dans des lettres, que souvent elle n'enverra pas, ou bien que le Marquis lira d'un œil distrait et laissera jaunir dans ses secrétaires. Là, du moins, dans cette correspondance fébrile, rien ne pourra l'arrêter, l'empêcher de soulager son cœur !

Pourtant, il lui faudra plus de liberté encore. Alors, elle prendra un cahier à fermoirs d'argent, relié en maroquin, un de ces albums qui servent aux jeunes filles à peindre des fleurs anémiques ou à copier de naïves pensées. Dans ses nuits de jalousie, de désir, de désespoir, elle griffonnera de telles pages, que, parfois, leur expression brûlante l'épouvantera elle-même et qu'elle les arrachera de sa propre main !

Cependant, on était rentré à Paris. Le grand train aristocratique de la maison de Praslin ne laissait rien deviner du drame intérieur qui la minait sourdement. Les parents eux-mêmes ne s'en doutaient pas. Le général n'en savait rien, et le duc et la duchesse de Choiseul, profondément touchés des vertus de leur belle-fille, accueillaient avec une joie sans mélange leurs enfants et petits-enfants.

Si ces réunions familiales, la plupart du temps, pesaient affreusement à la Marquise, à cause de la contrainte qu'elles lui imposaient, parfois aussi elles lui apportaient quelque baume, soit par l'affection touchante que lui manifestait sa belle-mère, soit par les encouragements que le Duc prodiguait à son fils. Il lui semblait alors qu'un homme aussi digne de l'affection paternelle ne pouvait persévérer dans sa froideur, qu'il lui reviendrait... Elle formait mille rêves de bonheur.

C'est au retour d'une de ces soirées dans l'hôtel du faubourg Saint-Germain qu'elle écrivait à son mari :

Ah ! pourquoi, mon bien-aimé, te refuser à épancher ton âme dans la mienne ? Tu retranches de notre vie tout le charme de l'affection. Crois-tu donc, ou plutôt veux-tu t'efforcer à croire que l'indépendance, c'est l'isolement ? Tu dis que je suis exigeante parce que je désire partager toutes tes peines ; tu ne veux pas que je m'en aperçoive quand tu en as ; mais tu veux donc être pour moi un étranger, et pour cela ne faut-il pas que tu me deviennes complètement indifférent ? Que de temps pour arriver à cette insouciance pour la personne que l'on aime le plus ! Crois-tu donc que ce serait possible, que mon cœur ne

serait pas brisé avant d'en arriver là ? Tu es affligé
toi-même de me voir triste, tu en sais la cause, tu
sais les consolations que tu pourrais me donner, et
cependant tu en es peiné... Eh bien, moi, je te vois
souffrir, être triste, je sais qu'il y a dans mon cœur
des trésors d'amour pour calmer et adoucir en toi
tous les chagrins, et tu me repousses !

Après ces plaintes, l'épouse délaissée traçait,
d'une plume tremblante, l'appel d'amour qu'elle
n'osait plus proférer. Comme, ici, elle abdiquait
tout orgueil !

Ne suis-je pas la compagne de ta vie, la moitié de
toi-même, celle qui doit consoler et partager tous tes
chagrins comme tes plaisirs ? Si tu étais malade, de
qui accepterais-tu tous les soins ? N'est-ce pas ma
main que tu voudrais pour te soigner ? Eh bien, les
chagrins sont les maladies de l'âme, de l'esprit ;
pourquoi me rejeter ? Qui peut les adoucir, si ce n'est
celle que Dieu a mise près de toi pour consoler,
adoucir tes peines, partager ta vie entière ? Ce n'est
pas un cœur comme le tien qui ne comprend pas les
jouissances, les besoins d'un cœur aimé où tout se
confond et s'adoucit. C'est la violence de mes manières qui t'a inspiré cette répugnance à t'épancher
dans mon sein... Tu as peur de mes manières soup-
çonneuses, dominantes.

Crois-moi, Théobald, quatre mois de douleur et de
repentir m'ont bien corrigée ; c'est pour adoucir,
consoler et non irriter, critiquer, que je réclame ta
confiance... Ah ! je te le jure, je ne chercherai plus
jamais à prendre de l'ascendant sur toi, mon ami :
je te le jure, au nom de mon amour, du tien,

de tout ce qu'il y a de plus sacré et de plus cher pour toi, je ne demande que ton amour, ta confiance comme tu as la mienne ; je me laisserai conduire en tout par toi ; je ne te tourmenterai plus de ma jalousie ; je ne m'arrogerai jamais le droit de reproche ni de conseil. Je me repens trop, je souffre trop de mes fautes pour y retomber.

Toute la missive se prolongeait en une série de phrases presque sans suite, où l'on sent vraiment palpiter un cœur de femme :

Nous sommes bien jeunes, Théobald ; ne nous condamne pas à l'isolement tous deux ! Quoi ! Nous nous aimons, nous sommes purs tous deux, et nous vivrions séparés l'un de l'autre, de cœur et d'esprit ? Oh ! ne laisse pas opprimer ton cœur par un peu d'amour-propre, je te jure que je n'aspire qu'à ta tendresse, ton intimité et ta confiance. Je serai la moitié aimante, mais passive, de ta vie. Mon ami, la confiance est le mariage des âmes, les épanchements en sont les caresses, et l'union, le bonheur et la vertu en sont les fruits. Va, crois-moi, jamais je n'abuserai de ta bonté, de ta tendresse ; tes épanchements seront reçus dans mon cœur avec la même tendresse et le même mystère que tes caresses...

Et voici les grands mots lâchés :

Reprends ta Fanny ! Essaie-la encore quelque temps avec affection et confiance : tu verras que tu seras plus heureux que tu ne peux l'être dans l'isolement. Tu cherches des distractions, mais es-tu réellement heureux ? Oh ! non, mon ami, tu ne l'es pas avec un cœur comme le tien et la vie que nous menons... Ta femme, elle, n'a pas d'autre bonheur, d'autre affection, d'autre famille, d'autre appui que toi : oh ! ne sois pas sourd à ses prières, à ses serments, à ses repentirs, car elle t'aime et sa vie ne sera plus qu'amour et reconnaissance pour toi.

La lettre avait dû se poursuivre ainsi toute la nuit. Elle n'évitait point les redites. A la fin, l'imagination et la sensibilité, décuplées par la veille, haussaient encore le ton et atteignaient à une sorte de lyrisme haletant :

Mon cœur se brise... Théobald, pitié ! Pitié pour celle qui t'aime ! Fie-toi à moi pour ton bonheur, comme je me fie à toi pour le mien. Oh ! ne me refuse pas, je t'en conjure... Mon bien-aimé, mon ami, oh ! crois-moi ; si tu savais avec quel bonheur j'ai entendu ton père, ce soir, te donner des éloges, s'étonner de tout ce que tu peux quand tu le veux. Oh ! j'étais heureuse et fière ; mais, moi, je ne m'en étonnais pas, car il y a longtemps que je sais tout ce que tu vaux.

... Théobald, je ne vis que par toi, de toi ; oh ! fais que je vive pour toi ! Plus mes offenses ont été grandes, plus il est digne d'un cœur comme le tien de les pardonner. Oui, mon amour, mon dévouement, mon repentir sont dignes de ton pardon. Oh ! ne brise pas ce cœur qui ne respire que pour toi ! Ami, ami ! Toi qui m'as tant aimée, pardonne ; sois sûr que tu ne te repentiras pas de ta confiance, de ta bonté ! Crois-tu donc que lorsque tu me confieras tes peines, la tête appuyée sur mon cœur, tes mains dans les miennes, mes lèvres sur ton front, tu ne les sentiras pas moins amères que dans la solitude ? Lorsque j'adoucirai tes ennuis par des paroles d'amour et d'intérêt, crois-tu donc que tu ne seras pas plus heureux que maintenant ?... Seras-tu moins homme, si tu as une amie qui te console, qui partage avec toi tous les ennuis et les plaisirs de la vie, sans autre vœu que celui de ton affection ?

Tes moindres désirs seront des volontés pour moi. Tu seras la volonté, le guide et la raison de notre union, et j'en serai la douceur, la consolation et la tendresse. Cette union de nos cœurs sera un doux mystère de l'amour entre nous...

Oh ! nous serions si heureux, si tu voulais essayer ! Tu verrais quelle douce gaieté remplacerait le chagrin qui me dévore ; tu serais toujours sûr de retrouver chez toi un visage serein et un cœur joyeux de te revoir et d'être le dépositaire de tes impressions, et, quand tu voudrais m'emmener, une compagne heureuse de te suivre partout.

M'as-tu jamais vue, en aucun temps, préférer aucun plaisir au bonheur d'être près de toi ? Et cependant, tu as été peut-être plus jaloux que moi, au fond. Dieu sait jusqu'où vont tes soupçons en ce moment, car je ne sais à quel motif attribuer tes chagrins secrets... Dans quelle angoisse je vis !

Mon bien-aimé, nous pouvons encore être si heureux ! Laisse-toi toucher... Je ne puis croire que tu veuilles m'abandonner ainsi pour toujours, nous priver des plus doux sentiments du bonheur... Mais la vie est si courte, mon bien-aimé, et il y a déjà si longtemps que nous sommes désunis, séparés ! Bientôt je n'oserai plus faire des avances sans cesse repoussées, comme mes caresses ; il n'est pas dans ton caractère de faire les premiers pas, l'habitude sera

prise, ta femme te craindra trop pour essayer encore,
et la vie se passera ainsi, et tu ne seras pas heureux,
et ta femme mourra de douleur. Oh ! reviens, reviens
à elle !...

Il est facile d'imaginer avec quels sentiments
le Marquis accueillit cette lettre. Ces tendres sup-
plications, en effet, n'étaient exemptes d'aucune
maladresse. Naïvement, sa femme posait le doigt
sur ce qui avait le don de l'irriter particulièrement, tout en s'ingéniant à se chercher des torts
à elle-même. Ses peines ! Ses chagrins secrets !
Mais ne venaient-ils pas tous de cette obstination
dont elle faisait preuve à vouloir poursuivre une
existence conjugale dont elle l'avait définitivement lassé ? Comment ne comprenait-elle pas
enfin que ce qu'il désirait maintenant, après tant
d'années d'effusions, c'était une vie paisible, parfaitement ordonnée aux yeux du monde, sans
aucune des secousses, des émotions romanesques,
des brouilles et des réconciliations dont les âmes
passionnées sont friandes à l'excès ? Comment ne
sentait-elle pas que c'étaient précisément ces
accents de mélodrame qui rendaient son front
soucieux et qui donnaient à ses prunelles ce va-et-
vient inquiet et fuyant ?

Et puis, qu'allait-elle s'imaginer ? Qu'il était
jaloux ? Ah ! grand Dieu ! Voilà bien ce qui lui
démontrait, à lui, qu'il ne l'aimait plus d'amour.
Il avait une sorte d'intuition profonde et aiguë
qu'il ne pouvait pas être jaloux de cette bonne

grosse femme, qui lui avait si complètement démontré et qui lui démontrait encore qu'elle
n'avait été et qu'elle ne serait qu'à lui seul.

Il se dégageait, en somme, pour lui, de cette
longue lettre, écrite dans l'exaltation d'une nuit
d'insomnie, une impression très nette : il ne sentait ni l'amour pur et passionné qu'il inspirait
encore, ni la désolation d'un cœur solitaire, qui
ne saurait se reprocher d'avoir trop aimé, ni la
possibilité de reprendre et de continuer une existence commune... Il y voyait, malgré tant de
protestations, le désir violent de la Marquise de
reprendre sur lui une domination qui l'avait
exaspéré, domination qu'elle prétendait exercer
au nom de Dieu, de la morale, de la raison, des
lois du mariage, pour tout dire en un mot, ce
qu'il appelait une domination de dévote, dont il
ne voulait plus, à aucun prix, supporter le joug.

Il s'exprimait mal ; il eût été incapable de répondre aux objurgations de sa femme... Mais il
était tout particulièrement têtu, et en serrant la
lettre dans son secrétaire, il ressentit certainement la sensation de l'irréparable.

De nouvelles scènes éclatèrent entre les époux.
Elles eurent ceci de plus spécialement pénible
que, maintenant, elles avaient des témoins quoti-
diens : Isabelle et Louise, les deux filles aînées,
atteignaient quatorze et quinze ans. Sans trop pé-

nétrer le fond du débat, elles ne manquaient pas de prendre parti. Or, entre un père qui avait toujours été extrêmement bon et complaisant pour elles, et une mère qu'elles avaient vue presque constamment fatiguée par ses maternités, allongée, souffrante, ou plongée dans des larmes dont elles ne pouvaient deviner les causes, elles se rapprochèrent du Marquis et entraînèrent par leur attitude le petit peuple qui les suivait.

Ceci redoubla les douleurs de madame de Praslin, bien qu'elle fût épouse avant d'être mère; mais nous savons qu'elle était incapable de réagir avec quelque habileté. Ses souffrances avaient rendu son caractère corse encore plus irritable, et il n'y avait pas là de quoi faciliter la tâche de conduire tant d'enfants, d'âge, d'esprit, d'humeur bien différents. La jeunesse est ingrate : elle aime qui l'amuse, elle n'a pas de pitié pour celui dont les yeux sont pleins de larmes. Dans sa tendresse pour ses petits, la pauvre Marquise manquait de gaîté, d'abandon, d'égalité d'âme ; profondément sensible, elle se fâchait dans les petites circonstances où il aurait fallu de l'indulgence souriante ; puis son cœur l'emportait, et, par compensation de ses rigueurs inutiles, elle se montrait déplorablement faible, alors que la sévérité se serait imposée.

Il n'était pas besoin d'autre chose pour rendre la vie intérieure de cette maison à peu près insupportable. Quoi de plus affreux qu'une nombreuse famille, où les enfants, pour contenter leurs caprices, peuvent tour à tour s'appuyer sur chacun de leurs parents ?

Il devenait impossible de poursuivre leur éducation dans des conditions pareilles. Il fallait trouver un système. Le Marquis allait s'y appliquer, durant plusieurs années, avec une irritation grandissante contre sa malheureuse compagne.

Le principe auquel il s'attacha fut celui-ci : « il y a entre nous deux de profonds dissentiments, et nous ne semblons pas près de trouver un terrain d'accord. Donc, la première précaution à prendre, c'est d'éloigner nos enfants de nos discussions. Pour cela, j'exige pour eux une éducation complètement isolée, soit qu'ils vivent dans un appartement particulier avec leurs gouvernantes, soit que leur santé me permette, notamment pour nos fils, de les confier à quelque établissement. »

Tel fut le premier programme qu'il édicta, et après tant de chocs, la Marquise l'accepta sans trop de récriminations. Elle en reçut même quelque soulagement et quelque secret espoir. Les enfants à l'écart seraient plus heureux, et elle-même, trouvant peut-être l'occasion de se rapprocher ainsi, seule à seul, de son cruel Théobald, reconquerrait plus facilement le terrain perdu.

Mais ce nouveau plan d'éducation, qui avait paru tout simple, se heurtait dans la pratique à de terribles difficultés. Créer aux gouvernantes une situation à peu près indépendante dans la mai-

son, les soustraire presque complètement à la
jalouse surveillance de la Marquise, c'était mul-
tiplier les occasions de soupçons, les anxiétés de
l'épouse et de la mère. En quelques mois, elle
exigea, avec des larmes désespérées, le renvoi de
deux institutrices, mesdemoiselles Desprez et de
Tschudy. En 1840, la présence et les agissements
d'une certaine mademoiselle Belloyer avaient
failli aboutir à une issue tragique. Madame de
Praslin, outrée de l'attitude de cette personne,
qui voyait le Marquis beaucoup plus qu'elle-
même, perdit le sentiment réel des choses. Elle
s'arma d'un poignard, voulut attenter à ses jours.
Son mari, qui se trouvait près d'elle et qu'elle
accablait des plus violents reproches, eut toutes
les peines du monde à la désarmer. Il ne lui arra-
cha le fatal couteau qu'en se blessant lui-même à
la main. Le sang coula sur eux. Ce fut comme un
sinistre présage. Désormais, à la suite d'une telle
bagarre, la courtoisie déférente qui n'avait jamais
cessé de régner entre les époux, malgré leurs
disputes, était oubliée et s'effaçait. Une brutalité
honteuse se faisait jour, et finirait, hélas ! par
tout emporter.

... Cependant, le Marquis céda encore. Il ad-
mettait que mademoiselle Belloyer abandonnerait
la place. Mais comme on ne pouvait rien lui reprocher de formel, elle resterait dans la maison à
titre de sous-gouvernante. La direction de l'éducation serait confiée à une autre personne plus
qualifiée.

Justement, voici qui arrange tout. Madame de Flahaut, femme de l'ambassadeur, a connu à Charleston, près de Londres, l'institutrice modèle. Une jeune Parisienne nommée Henriette Desportes mais parée du beau pseudonyme d'Henriette Deluzy, ce qui lui donne aux yeux des gens mal renseignés une hérédité aristocratique italienne, anglaise ou même corse. Elle achève en ce moment l'éducation des enfants de lady Hislop pour un modeste traitement annuel de 1.800 francs. M. de Praslin, généreusement, en offrira 2.000, le gîte et le couvert. Peut-on payer moins les services d'une jeune fille très instruite, bonne musicienne, et qui excelle, dit-on, à dessiner et à peindre les fleurs ? Une perle. Elle désire rentrer en France. Ne la laissez pas échapper.

CHAPITRE IV.

Ce fut le 1ᵉʳ mars 1841 que mademoiselle Henriette Deluzy fit son entrée dans l'hôtel de Praslin. La Marquise la reçut dans le grand salon où un clair soleil de printemps jetait sa première chaleur.

L'institutrice, qui pénétrait avec courage dans un foyer aussi ébranlé, comptait à peine vingt-neuf ans. Sa taille, d'une hauteur moyenne, avait beaucoup d'élégance et de distinction. Sur un buste aux formes déjà pleines, elle portait sans affectation une tête fine, à la peau très blanche, au front bas, au nez un peu retroussé, que coiffaient de magnifiques cheveux d'un beau blond cendré, dont les longues anglaises encadraient son visage. Une figure de keepsake, à la fois douce, mélancolique et résolue.

Elle se tenait avec respect et dignité tout ensemble devant madame de Praslin qui la considérait d'un air bienveillant.

— Asseyez-vous, mademoiselle. Nous avons à causer ensemble. Nous vous avons appelée sur les excellents renseignements que nous a fournis sur vous madame de Flahaut, car nous avons besoin d'une personne particulièrement intelligente et dévouée.

« Vous savez que nous possédons neuf enfants. La tâche est lourde d'élever tout ce petit monde. Jusqu'à présent, une gouvernante seule n'a pu s'en tirer. Savez-vous que vous êtes la cinquième à laquelle nous faisons appel ?

— Je le sais, madame.

— Bien. Ne vous effrayez pas cependant ; pour alléger votre tâche, nous avons décidé de conserver auprès de vous mademoiselle Belloyer qui vous a précédée. Elle pourra ainsi vous mettre au courant.

Henriette leva sur la Marquise, des yeux bleus interrogateurs :

— Oui, répondit celle-ci avec effort. Vous vous adresserez à mademoiselle Belloyer, car vous ne devez en aucune façon compter sur moi. Ma santé, mes obligations de société, m'empêchent de m'occuper d'enfants aussi nombreux, et M. de Praslin s'est réservé le droit de diriger leur éducation jusqu'à leur entrée dans le monde. C'est donc à lui seul que vous aurez à en rendre compte.

Elle songea un instant, soupira, et reprit :

— Toutefois, c'est bien mon droit, n'est-ce pas ? de vous connaître un peu, avant de remettre en vos mains, mes chères filles. C'est pourquoi je suis heureuse de vous voir et de m'entretenir avec vous.

La causerie se prolongea, confiante et prolixe chez la Marquise, singulièrement réservée chez son interlocutrice. Pas assez cependant pour que madame de Praslin ne sentît que le vent du siècle avait déjà violemment soufflé sur l'âme de la jeune gouvernante. Comme elle était loin de ses ferveurs, de ses naïvetés, de ses élans !

Rien d'étonnant à cela : leur vie avait été si différente ! Fille naturelle de Lucile Desportes, descendante du poète, et d'un officier de la Grande-Armée, Henriette avait grandi en secret loin de sa famille. A peine reconnue par sa mère, on l'avait retirée de pension pour l'envoyer dans des ateliers de peinture. A vingt ans, elle s'était trouvée orpheline, n'ayant plus dans la vie que son grand-père, ancien secrétaire de Lucien Bonaparte, ancien préfet de Napoléon, baron de l'Empire, mais que la Restauration avait quasiment ruiné. Ce singulier bonhomme, au cœur raccorni, la laissait à peu près mourir de faim : c'était lui, qui, pour se débarrasser d'elle, l'avait poussée à être institutrice.

Henriette avait souffert de toutes les manières, et, au courant de sa vie laborieuse et isolée, au lieu de découvrir les consolations de l'espérance, elle n'avait rencontré que l'amertume et la révolte. Dès lors, que dirait-elle aux jeunes âmes qu'elle allait être chargée de former ?

La Marquise se le demandait avec tristesse lorsqu'un pas bien connu, sonnant sur les dalles de l'antichambre, la fit tressaillir. M. de Praslin arrivait.

Il parut contrarié en voyant sa femme en tête à tête avec la nouvelle gouvernante. Aussi, éclairée par son attitude, celle-ci se contenta-t-elle de lui présenter Henriette ; elle se retira dans sa chambre et les laissa seuls.

— Mademoiselle, commença le Marquis, je pense que vous êtes déjà au courant de ce que j'attends de vous. Nous nous trouvons dans un étrange embarras. Il faut en sortir. On a dû vous raconter nos déboires avec plusieurs institutrices. Madame de Praslin n'a pu s'accorder avec aucune d'entre elles. Je suis donc décidé à supprimer toutes les occasions de heurts, tous les froissements possibles. Pour cela, je vais vous installer avec les enfants au second étage de l'hôtel. Vous y vivrez avec eux entièrement isolée. Voici, d'ailleurs, le règlement que j'ai élaboré à ce sujet.

Et il tendit à la jeune fille un papier ainsi conçu :

La gouvernante mangera avec les enfants. Elle sera chargée de toutes les dépenses les concernant : toilette, instruction, femmes de chambre, bonnes, plaisirs. Elle réglera, en un mot, tout ce qui les concernera, sous sa responsabilité. Les enfants ne sortiront qu'avec elle. Elle décidera quelles personnes les enfants recevront ou ne recevront pas. Elle devra tout décider elle-même et ne pas consulter d'avance les parents qui se réservent seulement le droit d'observation.

Madame de Praslin ne montera jamais chez ses enfants. S'il y en a de malades, n'entrera que dans la chambre du malade ; ne les fera jamais sortir sans la gouvernante, ne les verra qu'en présence de M. de Praslin ou de la gouvernante.

Henriette lisait lentement cette extraordinaire charte qui lui concédait des pouvoirs illimités. Elle se taisait..

— Vous voyez, reprit le Marquis. Vous dirigerez, en somme, toute la vie de mes enfants.

Il disait cela d'un air gêné, d'une voix un peu sourde, en regardant de travers les fleurs du tapis.

L'institutrice le fixa bravement :

— Mais alors, fit-elle, leur mère ?...

— Oh ! leur mère... je ne les en sépare pas tout à fait... évidemment. Ils la verront tous les jours, le matin, ou après les repas.

Mademoiselle Deluzy se recueillit une seconde, puis, d'une voix calme et posée :

— Je le regrette profondément, monsieur le marquis, dit-elle, mais il ne m'est pas possible d'agréer ces propositions. Je ne puis pas entrer ici pour éloigner à ce point des enfants de leur mère. J'ai accepté de diriger sous votre contrôle leur éducation, mais vivre ainsi complètement à part avec eux !...

Il parut vivement contrarié.

— Ah ! dit-il, vous ne savez pas à quoi vous vous exposez en réclamant des repas en commun. Qu'un enfant commette une bévue ou une espièglerie, nous voilà aussitôt plusieurs à le réprimander. Chacun a sa manière. Vous ne connaissez pas celle de la Marquise... Elle non plus, d'ailleurs... Vous verrez, vous verrez. Toutes les fâcheries viennent de là.

Mais Henriette n'en voulut point démordre. Elle promit tout ce qu'il voulut, qu'elle ne quitterait jamais les enfants, qu'elle ne s'écarterait pas un seul jour entier de la maison... Mais sur la question des repas, elle ne transigea point. Elle avait une manière douce et ferme d'imposer sa façon de voir, à laquelle M. de Praslin sentit qu'il résisterait mal. Ce premier entretien se termina par la victoire de l'institutrice. Ce ne fut donc que sur le plan qu'elle accepta que l'on essaya de vivre. Exécution qui n'avait rien de facile. Mademoiselle Belloyer fut naturellement le premier élément de discorde. Très jalouse d'avoir été supplantée, elle s'ingénia à entraîner sa remplaçante dans sa disgrâce. Sous prétexte de la mettre au courant de la situation, elle lui en exagéra encore toutes les difficultés, et l'excita tant qu'elle le put contre la pauvre Marquise ; mais, d'autre part, avec cette duplicité presque inconsciente dont certaines femmes ont le secret, elle s'efforça, dès le début, de la ruiner dans l'esprit de madame de Praslin.

Le résultat de pareilles manœuvres ne se fit

pas beaucoup attendre. Elles créèrent une atmosphère surchargée d'électricité, où la moindre
étincelle devait suffire à tout embraser. Il est
ainsi des familles où parler des choses les plus
innocentes et les plus paisibles devient dangereux. Le caprice d'un enfant, l'observation de la
mère, un mot maladroit déclenchent aussitôt les
paroles, parfois les gestes irréparables. La Marquise, blessée par son mari, n'avait pu supporter
mademoiselle Belloyer : elle lui associa Henriette.
Au bout d'un mois et demi, le 19 mai, elle réclamait avec force leur départ à toutes deux. M. de
Praslin s'y refusa.

Alors, elle prit un parti assez périlleux, mais
qui, un temps, faillit lui réussir. Puisqu'elle
n'avait plus à son foyer la place qui lui revenait
de droit, elle demanda à s'éloigner, à se retirer
seule au Vaudreuil. Dès-le lendemain, elle écrivait à son mari :

La journée d'hier vivra dans mon cœur par un
bien pénible souvenir. Hier soir, vous avez pu juger
que j'en comprenais tout le sérieux, puisque, devant
les personnes qui sont le motif de notre séparation,
ma conduite a été telle qu'elle pouvait l'être, si nous
eussions été très unis. Oui, je vous le jure devant le
monde, vous serez toujours content de moi ; les
efforts que j'ai faits hier, bien naturellement, après
cette cruelle journée, en seront les meilleures preuves.
Tant que j'ai conservé l'espoir d'un rapprochement, d'une réconciliation, et j'en avais beaucoup
dernièrement, j'étais continuellement dans l'alterna-

tive de joie et de crainte qui me poussait à des boutades d'emportement et d'aigreur ; maintenant que le sacrifice est consommé, soyez tranquille ; devant les enfants, les gens, la famille, le monde, jamais rien ne pourra vous accuser d'avoir détruit mon bonheur.

J'ai besoin de pleurer dans la solitude, de m'y recueillir, de m'y reposer pour prendre l'énergie nécessaire, pour cacher aux yeux de tous mon malheur ; mes illusions sont encore trop près, mes habitudes d'épanchement avec celui que j'aime, trop récentes, pour que je puisse prendre encore l'habitude d'une réserve froide et affectueuse vis-à-vis de vous, qui seule peut convenir dorénavant à nos positions. Maintenant mon cœur débordera toujours : il faut que le temps calme les expressions de la douleur et lui donne la force de l'habitude. Alors, soyez-en sûr, mon ami, au lieu de vous fuir, vous serez encore, comme toujours par le passé, la personne avec laquelle je préférerai me trouver. Aujourd'hui, mon amour est encore trop chaud dans mon cœur ; c'est un deuil que ma vie intérieure désormais. Les sentiments qu'il me fait éprouver seront toujours les mêmes, mais le temps en adoucira les formes.

Ne m'en voulez donc pas, mon ami, si je vous fuis : je sens que je le dois pour ne pas empoisonner votre vie. Devant le monde, devant les tiers, oh ! je serai bien plus à mon aise : il me sera libre et même convenable d'être vis-à-vis de vous affectueuse, empressée, causante ; ces moments-là seront mes moments de consolation, de bonheur, de joie pure ; oh ! donnez-m'en souvent, mon ami, j'en serai bien reconnaissante ; je reprendrai des éclairs de gaieté par les illusions qu'ils me causeront.

Certes, après ce qui s'était passé dans la matinée, la société d'hier au soir n'avait rien que de pénible pour moi. Eh bien, vous l'avez vu, je paraissais heureuse, je l'étais presque ; je me disais : « Si nous étions bien unis, il faudrait faire cela, dire cela » ; je le faisais, et cette illusion me faisait du bien. Seule avec vous, je dois toujours être sur mes gardes, en présence de la triste réalité : nous sommes séparés, et quoiqu'il y ait trois ans que nous vivions comme si nous l'étions, il restait l'espérance : hier l'a tuée.

Pour être vis-à-vis de vous, mon ami, comme je dois l'être dorénavant, il faut travailler à oublier le passé, et surtout mes espérances. Le temps et l'habitude de l'isolement peuvent seuls m'apprendre à détacher dans ma pensée Théobald de M. de Praslin, que le premier ne doit vivre que comme un mystère dans mon souvenir, ou bien dans le monde, et que, seule avec vous, dans vos pensées et dans vos habitudes, je ne suis plus qu'avec monsieur de Praslin.

Ah ! croyez-moi ! Je voudrais être certaine que vous serez heureux au prix de tout ce que j'aurai souffert et de ce que je vais souffrir maintenant, sans avenir. Venez sans crainte au Vaudreuil, restez beaucoup chez vous avec vos enfants. Vous ne me trouverez jamais sur votre chemin. Je cherchais depuis longtemps toutes les occasions de faire renaître mes espérances, je les fuirai : il m'en coûte trop pour les perdre !

Adieu. Oh ! que ce mot renferme de douleurs maintenant, que je ne prévoyais pas ! Adieu ! Et cependant tu m'aimais ! Adieu ! Là-haut nous nous retrouverons : ne refuse pas cette dernière prière, le seul rendez-vous que je te donnerai désormais. Que cette idée t'occupe quelquefois : je t'aime toujours.

Le croirait-on ? Cette détermination inquiéta le Marquis, auquel elle faisait entrevoir un commencement de rupture publique.

Il faut ajouter, d'ailleurs, qu'Henriette, vivement contrariée, puisque son entrée récente dans la maison aurait semblé le motif de ce départ, chercha à tout arranger. Finalement, M. de Praslin tout en autorisant sa femme à se retirer quelque temps au Vaudreuil pour la belle saison, décida que ses enfants et leurs institutrices l'y accompagneraient. Il y avait peut-être une perfidie profonde dans cette sorte d'essai, mais en tout cas, une chose demeurait évidente : c'est qu'il reculait sur toute la ligne, et que la Marquise prenait l'avantage.

CHAPITRE V

Mais, se demandera-t-on peut-être, pourquoi
M. de Praslin n'envisageait-il pas, à ce moment,
l'hypothèse d'une séparation régulière ?

De nombreux motifs l'en éloignaient. D'a-
bord, il adorait ses enfants, et ses biographes
nous le montrent en ayant toujours un sur les
genoux et souvent un autre sur le dos ; il lui
aurait été extrêmement cruel de se séparer tout
au moins d'une partie d'entre eux.

Ensuite, rien n'eût été plus préjudiciable à sa
situation mondaine et à son avenir. Familier
de la Cour, appelé aux plus hautes charges, il
lui fallait un salon, une table, une maîtresse de
maison, même au prix de bien des difficultés et
de bien des irritations secrètes.

Enfin, et ceci constituait le point le plus délicat, était-il prudent pour lui de détacher sa fortune de celle des Sébastiani ? La position de son

beau-père, ancien ministre, ambassadeur, maréchal, était un appui indispensable à sa carrière,
tandis que la plupart des revenus mis à sa disposition provenaient de sa femme. N'ayant reçu
aucun héritage, il se fût trouvé, sans ces ressources, dans un pénible embarras. Il devait donc,
à tout prix, maintenir un *statu quo* très difficile,
grâce à une tortueuse diplomatie.

Celle-ci lui était d'autant plus nécessaire, que
souvent, du côté de la Marquise, venaient les
menaces de séparation. Déjà, deux ans auparavant, elle avait nettement projeté de fuir. Le 5 dé-
cembre 1839, elle avait écrit à Maître Riant, qui
jadis avait dressé son contrat de mariage :

Monsieur, depuis longtemps je désire me séparer.
Depuis un an environ j'ai consenti à rester sous le
même toit que M. de Praslin malgré ce désir ; mais
cette vie ne m'est plus supportable. Ma santé s'al-
tère tous les jours... Il me sera facile de me faire
ordonner un hiver dans le Midi. Je sais que M. de
Praslin craint les éclats et que cette seule idée peut
lui donner de l'opposition à une séparation. Je ne
demande que la permission de partir seule, au
15 janvier, sous le prétexte de ma santé, en lui faisant
le sacrifice de mes enfants... J'ai fait choix d'un lieu
où je désire me retirer... C'est une toute petite ville
sur les bords de la Méditerranée...

Le projet n'avait pas eu de suites, mais on voit
que le Marquis avait raison de se méfier.

Cependant, après le départ pour le Vaudreuil,

sa situation se modifia tout à coup. Le docteur Louis, médecin de sa famille, vint lui déclarer, en effet, que le vieux Duc n'avait plus que peu de temps à vivre. Le 28 juin, il expira, après avoir discuté avec l'administration des, Pompes funèbres le prix de ses obsèques qu'il estimait notablement exagéré. Ses enfants étaient accourus à son chevet, et Fanny, à laquelle il avait toujours manifesté toute la sympathie dont il était capable, le pleura beaucoup. Son mari en fut touché. Il semble que, quelque temps, une douleur commune les rapprocha.

L'important héritage que recueillit M. de Praslin avec le titre de Duc n'allait-il pas lui donner toutefois une dangereuse indépendance ? Cette crainte, on dut l'écarter, car, au contraire, cet héritage entraînait avec lui plus de charges que de revenus. La douairière conservait l'usufruit du mobilier et de la moitié du château. Le frère, les sœurs de Théobald avaient aussi leur part de droits, et le nouveau Duc ne parlerait en maître sur la terre de Vaux qu'en vertu d'un arrangement de famille et d'une procuration : la grosse fortune de sa femme lui devenait tout à fait indispensable pour se tirer honorablement de sa situation actuelle.

En succédant à son père, en effet, M. de Praslin serait appelé à siéger comme lui au Conseil Général et à la Chambre des Députés ; surtout, il allait s'installer, comme chef de la famille, dans le somptueux château de Vaux.

Vendu par madame Fouquet à la mort de son fils, ce palais avait vu renaître sa splendeur en 1705, sous le maréchal de Villars. Sur sa terrasse, Voltaire, par les claires nuits d'été, y avait professé devant les dames des leçons d'astronomie. Puis, pendant soixante années, c'est le délaissement et l'abandon, jusqu'au jour où Choiseul, ministre de la marine, le répare et en fait sa résidence. Le grand salon se tend des admirables tapisseries de Boucher : *la Jeunesse de Bacchus, le Char du Soleil, les Cyclopes.* Toutes les grâces de la douceur de vivre rajeunissent la royale demeure. Mais elles disparaissent vite. La Révolution saccage les lambris, laisse crouler les plafonds, moisir les murs. Ce n'est pas le vieil Harpagon à peine expiré qui aurait dépensé un écu pour lui rendre sa splendeur.

Ce n'était donc plus le séjour princier que Le Vau, Le Brun et Le Nôtre avaient établi non loin de Melun, sur les bords de la petite rivière d'Anqueuil, après avoir fait raser plusieurs villages, dépensé de trois à quatre millions, occupé pendant des années des milliers d'ouvriers. On n'y voyait plus, comme du temps de Jean de La Fontaine,

Des grottes, des canaux, un superbe portique...

Mais le domaine avait encore une splendide allure : en venant de Melun et de Maincy, en traversant le parc toujours empli de biches et de gibier, coupé par le rû et les pièces d'eau, on apercevait au nord-est sa façade imposante, empreinte de ce cachet de noblesse et de grandeur que le siècle de Louis XIV a laissé partout après lui.

L'immense château de pierre blanche, coiffé d'ardoises, encadrait une cour d'honneur que précédait une large avant-cour. Cet ensemble était séparé de l'avenue par une haute grille que soutenaient des Termes énormes, et par un fossé plein d'eau sur lequel s'allongeait un pont-levis. Même par les jours lumineux de l'été, tout cela dégageait, comme Versailles, une mélancolie grandiose : de tels palais ne vivent que s'ils servent de cadre à des fêtes brillantes, à des compagnies nombreuses, à tout un train de vie quasi-royal. Il ne subsistait là, autour de ce monument et sur ces pentes de gazon, au milieu des ombres errantes de La Fontaine qui sut y cueillir la gloire, et de madame de Sévigné qui vint y manger des œufs frais, que le souvenir d'une grande infortune, de toute une splendeur rapidement évanouie.

Le duc Félix y avait vécu chichement. Son fils, qui y avait passé son enfance, en avait gardé une image assez triste. La décoration intérieure en est composée d'une sculpture à la fois magnifique et discrète, d'une peinture pour laquelle Le Brun a touché dix mille livres de pension, plus un prix spécial pour chaque tableau, et que Mignard a délicatement achevée : mais tous les appartements avaient impérieusement besoin d'être restaurés et meublés pour offrir un séjour qui put rivaliser en agrément avec l'hôtel Sébastiani ou même le château du Vaudreuil.

M. de Praslin ne manquait pas d'un certain goût de la grandeur. Il se promit de restaurer Vaux-le-Vicomte, de lui rendre son ancienne somptuosité. La salle des gardes, bâtie en rotonde, avec une voûte cintrée qui devait avoir sous œuvre près de quatre-vingts pieds d'élévation, tombait en ruines : il s'occupa tout de suite de la réparer. Il convoqua le peintre Amaury Duval afin de décorer la chapelle. Pour tout cela, il serait obligé de dépenser sans compter. Aussi, pendant quelque temps, semble-t-il avoir agi en parfait accord avec sa femme, lui avoir fait des promesses; il la laissa rêver, selon ses propres expressions, d'une nouvelle ère, d'une nouvelle vie...

Celle-ci, retirée au Vaudreuil, expérimentait ses aptitudes pédagogiques. Mademoiselle Deluzy, si tôt qu'elle s'y trouva avec elle, n'avait pas hésité, en effet, à lui offrir de diriger l'éducation de ses filles. C'était une tentative hardie dans laquelle cette personne froide, réfléchie, remarquablement instruite, devait avoir facilement raison des velléités de la nouvelle Duchesse. En quelques jours, le désarroi fut navrant.

Madame de Praslin n'avait aucune vocation pour être institutrice. Cette âme enthousiaste et ardente ne possédait pas cette patiente minutie qui s'attache lentement, jour par jour, à la formation des intelligences et des âmes. Elle pénétrait mal les enfants et ne pouvait être comprise par eux. Volontiers elle aurait transformé les heures de classe paisibles et appliquées en de longues et enthousiastes discussions de philosophie ou de littérature qui laissaient son petit auditoire bouche bée et l'esprit ailleurs.

Au bout de quelques mois, le Duc reparut au Vaudreuil sous le prétexte de vendre les chevaux et de transporter à Praslin les magnifiques orangers qui remplissaient les serres. On ne tarda pas à lui souligner les défauts du système d'éducation qu'il avait toléré. Sa femme paraissait heureuse de le revoir. Il reprit ses avantages.

— Nous allons nous transporter à Vaux, déclara-t-il. Désormais, ce sera notre unique résidence d'été. Là, les appartements sont assez vastes pour que nos enfants soient installés entièrement à part. J'ai voulu voir, très loyalement, si votre caractère, votre état d'esprit, votre humeur, vous permettraient de vous occuper de leur éducation. L'expérience est concluante. Ne la recommençons pas.

Et comme elle se répandait en plaintes véhémentes :

— Je reconnais qu'il peut y avoir quelques torts de la part des institutrices. Aussi suis-je décidé à renoncer définitivement aux services de la sous-gouvernante.

Cette demi-satisfaction calma un peu la Duchesse. Comment eût-elle résisté à son maître ?

Si, au premier abord, il eût semblé que le changement de situation de M. de Praslin aurait dû ressouder son ménage, un fait cependant avait modifié sa vie, fait très important pour un homme comme lui : il n'avait plus à craindre l'autorité de son père ; son orgueil se trouvait sans frein, et ce n'était pas sa vieille mère, déjà aveugle et infirme, reléguée dans son hôtel de la rue de Grenelle, qui pouvait l'arrêter dans la voie mauvaise où il s'engageait.

Elle sentit qu'il fallait céder encore. Pendant quelque temps, elle essaya de se calmer. Puis, dans ce pays qu'elle découvrait, son inépuisable charité trouvait des motifs nouveaux de se répandre. Elle fut vraiment la providence de cette contrée, dans laquelle le luxe s'était jadis consumé sans profit. On en eut plus tard la preuve en retrouvant ses notes de dépenses. A côté de la mention des sommes que le Duc lui remettait pour sa toilette, on lisait :

Donné 100 fr. à la femme T... pour l'aider à payer le remplacement de son fils.

Ou bien :

Envoyé au sieur B..., dont la femme est récemment accouchée, la somme de 50 francs.

Puis, c'était l'inscription des cadeaux, importants pour l'époque, dont sa munificence comblait les églises des environs de Melun, ou la note des secours qu'elle chargeait les ecclésiastiques du pays de distribuer aux pauvres.

Ce ministère magnifique, elle ne s'en dessaisira jamais. Les années, de plus en plus douloureuses, peuvent venir. Elle renoncera à peu près à tout, sauf à la charité.

Aussi sa renommée ne cesse-t-elle de s'étendre. Vers la châtelaine, plongée le plus souvent dans les larmes ou la prière, viendront de moins en moins les beaux équipages, les cavalcades élégantes, les dandys et les lionnes du jour : mais, par tous les chemins, à travers les allées et les taillis, les bosquets et les terrasses, ce seront chaque jour, dès que se répandra le bruit de son arrivée, des cohortes de pauvres, des caravanes de miséreux, sûrs d'être bien accueillis au château de Fouquet. Ils viennent, tous ces blessés de l'âme et du corps, geignant et tendant la main. Nul ne s'en retourne sans avoir reçu d'abondantes aumônes et des paroles de consolation. Ils ne se doutent pas que leur bienfaitrice, toujours prête à panser leurs plaies d'une âme et d'une main également compatissantes, est peut-être encore plus qu'eux tous digne de pitié, et que ses beaux yeux qui les considèrent avec tant de douceur et d'émotion, sont encore plus que les leurs accoutumés à pleurer. Ils se contentent, sans chercher plus avant, de l'admirer et de la chérir ; ils lui ont donné un surnom qui court déjà les villages : Notre-Dame de Praslin.

Sobriquet populaire, et vraiment prophétique !

Car Notre-Dame de Praslin, si elle a été la joie des maternités, la bonté qui ne se mesure pas, la charité qui répand ses dons comme un fleuve, sera aussi la Madone d'un Calvaire, le cœur percé des sept glaives, la reine des afflictions et des souffrances. Elle a cru se sauver par la résignation, l'obéissance, le sacrifice. De nouvelles angoisses vont l'arracher à ce refuge. Son implacable destin en marche ne doit pas lui laisser un moment de répit.

Cet admirable palais de Vaux, construit pour abriter les joies de la vie, allait servir de cadre à des discussions de plus en plus âpres, à des cris et à des sanglots, succédant aux bouderies et aux futiles disputes. A la suite du départ de mademoiselle Belloyer, qu'avait remplacée une demoiselle Jost, encore plus effacée, Henriette prenait peu à peu dans la famille une influence prépondérante.

Le Duc, après être arrivé à séparer les enfants de leur mère, n'avait pas tardé à se rapprocher d'eux insensiblement. Il trouvait à cela un prétexte facile dans l'âge de ses filles aînées, qui arrivaient à leurs dix-huit ans. Il aimait à causer avec elles, à les emmener à la promenade. Madame de Praslin, laissée un peu trop à l'écart des conversations, s'en irritait, se renfermait chez elle. Son mari demeurait seul avec l'institutrice, se laissait prendre à son flegme et à son charme discret.

C'est alors qu'à tous les chagrins qui dévorent la pauvre Duchesse vont s'ajouter les tourments de la jalousie. Dès sa rentrée à Paris, nous voyons apparaître ce sentiment dans ses lettres ou ses notes de la fin de 1841, où elle parle avec indignation de « cette jeune personne légère, qui n'a pas d'idées religieuses », et où elle déclare à son mari que la vie qu'il mène « a toutes les apparences de l'infidélité. »

Ceci est d'autant plus terrible pour elle que les douleurs de toute sorte l'ont vieillie avant l'âge. Son visage a maigri. Ses beaux yeux se sont creusés, et, malgré son port de reine, elle est toujours plus imposante qu'attirante.

Elle écrit, le 13 janvier 1842 :

J'ai trop questionné les médecins pour ne pas en avoir acquis la certitude. Les nuits, depuis près de cinq années passées presque toutes et jusqu'à trois ou quatre heures du matin à pleurer dans des convulsions de désespoir, où bien souvent, pour étouffer mes cris, je mettais mon oreiller sur ma bouche, m'ont agité les nerfs, produit de l'inflammation aux entrailles. Je puis ralentir l'effet de cette maladie par des soins physiques, mais tant que les causes morales subsistent, elles agissent de même sur ces organes affaiblis, et la guérison est impossible.

Je sens avec amertume que je perds tous les avantages qu'il serait indispensable, pour te ramener, de mettre en jeu. Mes traits s'altèrent ; mes forces diminuent, mon caractère s'aigrit, mon humeur s'assombrit, mon esprit s'éteint, mon énergie s'affaisse.

Théobald, songe à la douleur, au découragement où t'a jeté la mort de ton père ; moi, j'ai perdu mon mari, mes enfants ; je suis près d'eux et il ne m'est point permis d'en jouir, je sais que je suis un fardeau méprisé. Il faudrait que je fusse bien comédienne pour être aimable et gaie avec des douleurs si amères ! Le calme que j'obtiens n'est dû qu'à l'opium et à des efforts violents que je fais devant le monde et que je paie par des tremblements nerveux, des angoisses inexprimables, dès que je suis seule. Que de fois, depuis cinq ans, j'ai dû fuir d'un salon, sentant que je n'avais plus la force de contenir mes sanglots ! Avant que je puisse avouer que je prends de l'opium, parce qu'il m'est ordonné, si tu savais combien de fois, des mois entiers, je me frictionnais la tête et l'estomac en secret, avec du laudanum pour obtenir quelques heures de repos !

A ce moment, la Duchesse a perdu tout espoir. Elle comprend enfin que son mari ne l'aime plus : mais elle ne peut cesser de l'aimer, et les plus touchants aveux lui échappent :

Oh ! si, lorsque je ne serai plus, ton cœur s'attendrit en songeant à cette Fanny qui t'aimait tant, à cette mère de neuf enfants qui n'en avait plus, qui était vouée au mépris de ses propres enfants ; dis-toi alors qu'elle t'a toujours aimé, qu'elle a bien senti qu'une barrière, placée par d'autres mains que les tiennes, avait été mise pour séparer ceux que Dieu a unis ; qu'elle ne t'en a jamais voulu, qu'elle t'a cru entraîné, aveuglé. Ne la plains pas d'avoir quitté la vie, car elle souffrait trop pour désirer de conserver une vie si inutile à ceux qu'elle aimait, car elle sentait bien l'ignominie d'être inutile sur terre avec un mari et neuf enfants. Dis-toi alors qu'elle a tant prié, si souvent offert à Dieu ses peines pour obtenir la grâce d'être réunie à vous tous dans une meilleure vie où rien ne peut séparer, qu'elle part avec consolation, car elle espère que tu viendras au rendez-vous dans le ciel !

Ces adjurations, le duc de Praslin ne les entendait même pas. Avec cette rouerie patiente qui le caractérisait, il organisait paisiblement toute son existence en dehors de sa malheureuse femme.

Non content d'avoir déserté la chambre conjugale, il interdit à Fanny l'entrée de son propre appartement. Elle s'était flattée que, s'il tombait malade, il réclamerait ses soins, et qu'elle reprendrait ainsi sa place auprès de lui... Vain espoir ! Il fut assez souffrant, mais ne voulut pas de sa présence. C'est une autre qu'il fit mander, et qui, à toute heure, se tint à son chevet.

Cette nouvelle crise, qui éclata le 24 janvier, fut terrible pour la Duchesse. Vivante encore, elle était déjà remplacée. Elle rugit de douleur :

Oh ! si je n'avais les tristes preuves que ton cœur est à jamais fermé pour moi, je tenterais un dernier effort, j'irais me jeter à tes pieds, te supplier au nom de ton père, de tes vieux jours, de nos enfants, de nos souvenirs d'amour, d'avoir pitié de celle qui n'a jamais cessé de t'aimer, qui voudrait encore te dévouer sa vie... Mais, je le sais, maintenant, mes douleurs, mes souffrances te sont odieuses et ne te touchent pas !

... Quelle vie, bon Dieu ! Quel avenir !... Dieu seul peut amener un changement à notre existence par une espèce de miracle : ta volonté ne suffit plus. Ta fierté ne se plierait jamais à revenir sur tout ce que tu as fait, à me donner une part dans ta vie ; tu n'oserais plus retirer à mademoiselle D. l'autorité absolue que tu lui as donnée sur les enfants et dans la maison, et, sans cela, je sens que toutes les promesses que je ferais seraient vaines, de me croire contente et heureuse.

Et, comme d'habitude, elle terminait par des protestations d'amour :

Non, j'en suis certaine, tu ne te fais pas une juste idée de mes chagrins, de leur amertume, de leur profondeur ; la haine la plus féroce ne les infligerait pas, lorsqu'il te serait si facile de les changer. Tu m'en veux, je le conçois, de te parler avec tant d'aigreur, d'emportement, de ceux qui m'ont fait tant de mal... Je me le reproche souvent, mais ce sont des cris qu'arrache la douleur à mon cœur ! Va, si ma vie n'était pas bouleversée par le succès de leurs menées, je n'aurais même pas la pensée de leur en vouloir, ni d'y songer.

Que Dieu t'ouvre les yeux et te bénisse, mon bien-aimé toujours, car tout le bonheur que j'ai eu en ce monde m'est venu par toi.

Le résultat d'un tel désespoir ne se fit pas longtemps attendre. Tout en se renfermant chez lui, le Duc avait gardé cependant l'habitude courtoise de passer chez sa femme, le soir, à quelque heure qu'il rentrât et d'aller lui souhaiter une bonne nuit, ce qui, on vient de le voir, ne manquait pas d'une certaine ironie. La Duchesse tenait néanmoins à ces derniers égards. Le lendemain, son mari ne parut pas.

Elle passa la nuit à s'épancher fiévreusement :

La mort vient à pas lents, mais elle arrive. Si tu savais combien je suis brisée, usée par la douleur ! Tu ne le crois pas, je le sais. Oh ! j'en suis certaine, tu ne serais pas si dur, si tu savais combien je suis profondément malheureuse ! Moi qui n'aurais pas dû avoir d'autre appartement que le tien, je ne puis aller te prier, te supplier d'avoir pitié de ma triste vie ; pendant que je pleure, que je me désole, tu prends peut-être gaiement le thé avec celle à qui tu as donné mes enfants.

Hélas ! mon Dieu, tu m'en veux d'être soupçonneuse, et peut-on ne pas l'être avec ton habitude de mystères, ton mépris de toutes convenances et bienséances ? Tu me reproches de ne pas être amusante et gaie. Quoi ! Je n'ai plus de mari et d'enfants, je vois ma place prise auprès d'eux, et je pourrais plaisanter ! Il faut que je passe toute ma vie isolée, loin de tout ce que j'aime, sans avoir un plaisir, une distraction, une occupation en commun avec eux, et il faudrait que je pusse, quand je les rencontre, faire des quolibets et des calembours pour les faire rire ! Mais j'ai une âme, et cette âme, froissée dans toutes ses affections, souffre cruellement...

Qu'est-ce que le luxe, l'indépendance, toutes ces vaines choses ? Ce qu'il me faut, c'est mon mari, mes enfants, leur affection, leur présence, leur confiance, et que me fait le reste ? J'aimais la toilette quand je sortais avec toi, le spectacle quand j'y allais avec toi. Le monde me plaisait aussi, j'aimais le luxe, les porcelaines, les curiosités, quand nous vivions ensemble à la maison ; je tenais à la bonne chère quand nous mangions ensemble... Tout cela, loin de toi, m'est indifférent, me pèse...

St tu savais ce que je souffre quand je vois des femmes avec leurs maris, des mères avec leurs enfants ; quand elles me parlent de leur intérieur, quand elles me font mille questions qui semblent naturelles sur mon mari et mes enfants !...

Hélas ! Si tu avais eu plus de principes religieux, notre vie eût été tout autre ; j'aurais été bien moins jalouse. Faudra-t-il donc que je meure pour que tu me pardonnes ? Tout bonheur est-il donc fini en ce monde pour moi ? Ton cœur ne s'épanchera donc plus dans le mien ? Je ne serai plus ton amie, ta femme, ta compagne de tous les moments, la mère de tes enfants ? Il faut les chasser ces douces illusions d'espérance : tu ne peux plus changer, tu n'y consentirais pas, et je ne saurais être heureuse sans un changement total.

Que Dieu te bénisse et t'apprenne à l'aimer, à le connaître et à le servir !

Sans un changement total, écrivait-elle. Deux jours après, cependant, le Duc, par fantaisie peut-être ou par crainte d'être allé trop loin, s'abandonnait vis-à-vis d'elle à une tendresse inaccoutumée. Une réconciliation s'ébauchait. Fanny cédait bien vite, renonçait à toute velléité de reproches, éperdue de bonheur qu'elle était. D'ailleurs, son mari avait l'habileté de prévenir ses demandes : il la comblait des plus douces promesses... Les mauvais jours semblaient tout à coup près de finir.

Ce qu'il y a de plus terrible dans de pareilles situations, c'est qu'elles n'offrent jamais de stabilité. Elles sont perpétuellement secouées entre la joie et le doute, la confiance et le soupçon. Depuis longtemps déjà, le Duc s'était efforcé d'échapper complètement à l'emprise de sa femme ; il pouvait lui céder sur certains points, mais il tenait essentiellement au mystère dont il avait réussi à entourer ses moindres faits et gestes. Il avait pu, dans un mouvement de condescendance, peut-être calculée, lui laisser entrevoir le moment où elle reprendrait la direction de ses enfants et de sa maison ; il pouvait encore lui concéder quelques soirées d'intimité : mais, du moment où il sortait de sa chambre, il reprenait sa pleine liberté. Elle le vit dès le lendemain.

Ce soir-là, croyant bien faire, elle ne voulut pas insister pour le retenir ; mais, craignant peut-être qu'il n'allât rejoindre l'institutrice, elle le tourmenta pour qu'il se rendît au spectacle.

— Bah ! fit le Duc d'un air gêné. Il est trop tard maintenant.

Il la quitta cependant vers dix heures. Et comme Joséphine, la femme de chambre, était fort bien stylée, la Duchesse ne tardait pas à apprendre qu'au lieu de se retirer dans son appartement, séparé de celui de sa femme par une antichambre et un petit couloir, il était sorti à pied, et avait hélé un fiacre, comme s'il n'avait pas toujours une voiture à ses ordres.

Où était-il allé ? Ni sa mère, ni ses sœurs ne se trouvaient en ce moment à Paris. Il ne pouvait se présenter dans le monde, car il était encore crotté de son retour de la Chambre. Dans quel milieu fréquentait-il donc ? Quels hommes, quelles femmes voyait-il ? Demeurée seule, dans sa belle chambre aux lourds rideaux de damas, la Duchesse veilla une partie de la nuit. Son imagination prit feu. Elle écrivit de longues pages qui se terminaient ainsi :

Pendant quelque temps, j'ai espéré que tu allais à un cercle, mais il est évident que non, puisque, sans le chercher, une chose ou l'autre me l'aurait appris depuis le temps. Quand j'entends sans cesse parler de petits appartements loués mystérieusement, je n'ai que trop de motifs de craindre que ce ne soit ainsi que tu ne te sois casé ; mais ce ne peut être pour y vivre seul.

Quand tu verras ces lignes, Théobald, tu sauras que j'ai bien souffert ; mais à quel point ? Oh ! tu n'en auras jamais l'idée juste. Si cela était, tu comprendrais bientôt l'aigreur et l'irascibilité de mon humeur. Cependant, je ne puis jamais me figurer que les pénibles idées et qui sont le plus faciles à croire, sur ta manière de vivre, soient vraies. Je t'aime, parce que je te crois au-dessus des autres par la noblesse et la délicatesse de tes sentiments, et cette pensée m'empêche de croire ce qui semblerait le plus probable dans un autre.

M. de Praslin n'avait donc pas à se troubler. Aux questions du lendemain, il se contenta de répondre à sa femme :

— Quand on a des soupçons, il faut les éclaircir !

Mais celle-ci avait beaucoup trop de sujets d'angoisse dans sa propre maison pour s'inquiéter longtemps de ce qui se passait au dehors.

Il était visible que, peu à peu, Henriette prenait sa place. Elle commandait des ameublements pour elle et pour ses élèves, organisait des voyages et des parties de plaisir. Même en n'acceptant pas les conclusions brutales que les domestiques, avec de sérieux motifs, avaient tirées de cette situation, on ne pouvait qu'être choqué de constater l'intimité grandissante du Duc et de la gouvernante. Ils étaient constamment l'un chez l'autre, dans les costumes négligés qu'autorise la vie au même foyer ; souvent, il passait dans son appartement la soirée entière, en robe de chambre, bien après que ses filles étaient allées se reposer ; quand il était souffrant, c'était elle qui venait le soigner dans le sien, au rez-de-chaussée. A tous ces faits qu'elle épiait passionnément, la Duchesse sursautait et se répandait contre son mari en réclamations indignées :

— Comment ! s'écriait-elle, tu m'enlèves mes enfants, parce que tu crains que je ne les élève mal, et tu les confies à une personne qui se moque de toutes les bienséances et qui les foule aux pieds !

— Ose donc déclarer qu'elle est aussi ma maîtresse ! répliqua sèchement le Duc.

— Non, répondit-elle, je ne dis pas que mademoiselle Deluzy soit ta maîtresse dans toute la force de l'expression. Cette supposition te révolte, je le vois, à cause de tes enfants... Mais ne sens-tu donc pas qu'aux yeux de tous ses relations familières avec toi, son empire absolu dans la maison, mon lamentable isolement sont établis comme si elle l'était ouvertement ? Ah ! mon Dieu, tu conclus, sur des apparences bien moins grandes souvent, que les autres ont des liaisons criminelles !

— Tout cela, ce sont des mots. Quelles preuves as-tu pour m'accuser ainsi et pour accuser mademoiselle Deluzy ?

— Hé ! Ne vois-tu pas tous les jours qu'elle s'empare davantage de ta présence, et qu'elle use de son empire pour nous brouiller davantage ? Elle pouvait être une très bonne institutrice, mais il aurait fallu qu'elle fût guidée, dirigée... par une personne sérieuse et non par un jeune homme, parce qu'elle est légère, inconséquente, coquette et dominante !

— Ah ! oui, c'est bien à toi de parler de domination !

Et Théobald s'en alla en faisant claquer la porte.

C'est alors que Fanny de Praslin tenta une démarche extrêmement pénible ; puisque son mari ne voulait rien entendre, elle s'adresserait à l'institutrice elle-même ; elle ferait appel à son cœur et à sa loyauté ; elle lui représenterait le trouble profond qui bouleversait ce foyer où elle avait réussi à supplanter l'épouse et la mère ; elle la supplierait de l'aider à faire rentrer tout dans l'ordre.

La scène, qui eut lieu dans les tristes jours du printemps de 1842, fut cruelle et tourna très mal. Henriette n'était plus la jeune gouvernante respectueuse et timide de l'année précédente. Elle avait affermi sa situation et la tenait pour inébranlable. C'est sur un ton glacé qu'elle répondit à sa maîtresse :

— Je regrette, Madame, qu'il ne me soit pas possible de servir de médiatrice entre vous et M. de Praslin.

La Duchesse eut un haut-le-corps. Elle avait été blessée au vif par l'ironie de la réponse.

— Vous ai-je demandé cela ? s'écria-t-elle. Pensez-vous donc qu'une femme comme moi ait besoin de l'entremise d'une gouvernante pour parler à son mari ? Vous voilà bien audacieuse, mademoiselle !

Elles s'affrontaient directement pour la première fois. Madame de Praslin, impérieuse, avait repris son autorité. Mais Henriette ne tremblait pas. Ses yeux bleus lancèrent un éclair :

— Dans votre intérêt, madame, je vous engage à faire attention à votre manière d'être avec moi.

Un silence tomba. Cette phrase semblait préciser de telles menaces que la Duchesse faiblit :

— Je ne vous attaque pas, gémit-elle. Mais enfin, vous devriez songer à la situation qui m'est créée dans ma propre maison. Laissons mon mari en dehors de tout ceci... Comment pouvez-vous vous prêter à un règlement de vie qui éloigne une mère de ses enfants ?

Henriette ne désarma pas. La belle blonde était d'un calme singulier :

— Je conçois qu'une telle situation vous soit pénible, dit-elle simplement ; mais, d'après la résolution positive de M. de Praslin à cet égard, je sens qu'il faut qu'il ait des raisons trop graves à prendre un semblable parti, pour qu'il ne me soit pas un devoir important de m'y conformer.

Et elle sortit, abandonnant la Duchesse à un accès de colère solitaire et impuissant.

Désormais, une lutte sournoise se déroule, comme, seules, les femmes ont la ténacité d'en soutenir. Fanny de Praslin est douée de mystérieuses antennes qui lui permettent de se rendre compte de ce qui se passe auprès d'elle et qu'on lui cache jalousement. Un jour, elle a l'intuition très nette que l'institutrice est allée rejoindre son mari dans sa chambre. Son sang ne fait qu'un tour. Elle y marche sans hésiter.

Le chemin est bref. A la tête de son lit, son beau lit d'apparat, dressé sur une estrade et entouré de rideaux de dentelle, s'ouvre la porte de son cabinet de toilette ; elle le traverse, se trouve dans une antichambre, puis dans un couloir qui, par quatre marches, arrivé à la porte du Duc. Cette porte est fermée. Elle frappe. Léger remue-ménage.

— Qui est là ? demande une voix qu'elle connaît bien.

Mais Fanny veut entrer à tout prix. L'ardeur corse bouillonne dans ses veines. Elle secoue violemment le vantail. Un pas. Une main cherche à tirer le verrou intérieur. La gâchette se rompt. Madame la duchesse de Praslin est devant son mari.

Comme il paraît changé ! Il est seul dans sa chambre, mais il semble qu'une figure irritée se penche sur son épaule et lui souffle sa colère.

— Qui vous a permis d'entrer ainsi chez moi ? crie-t-il d'une voix furieuse.

Il repousse Fanny, la bouscule dans l'étroit corridor, lui en fait vivement descendre les degrés. Une dispute résonne dans l'antichambre. Théobald a saisi le poignet de sa femme, dans sa grosse main qui serre comme un étau. Il la traîne jusque dans ses appartements.

— Ah ! vous venez briser ma porte ! Hé bien, vous allez voir !

Une exaspération d'enfant mal élevé le précipite hors de lui-même. Il se jette sur une ombrelle posée dans un coin, la casse en deux sur son genou. A-t-il toute sa raison ? Ses prunelles flamboient. Madame de Praslin a peur. Elle s'enfuit dans le jardin, où Berthe joue tranquillement. Elle prend l'enfant pour se protéger, tandis qu'on entend le Duc qui continue à briser tout ce qui lui tombe sous la main.

Quand elle se hasarda timidement à remonter avec sa fille les marches du perron, et à s'aventurer du côté de sa chambre, son mari se contenta de lui jeter les débris qu'il avait accumulés. Il était plus calme, mais dans son regard brûlait toujours la même haine.

— Voilà ce que j'ai fait, dit-il durement, tandis que la mère et l'enfant, terrifiées, le regardaient. J'agirai de même chaque fois que vous briserez quelque chose chez moi.

Quelle singulière et misérable attitude ! En de telles circonstances, son cerveau, qui fut toujours débile, ne cédait-il pas à de mystérieuses impulsions, venues du fond de son être, issues de quelles hérédités, causées par quels vices inavouables ?

Cependant, la chaleur de la lutte une fois tombée, Fanny l'excusait toujours. Le soir même, dans la chambre somptueuse qui devait voir bien d'autres drames, elle prenait son journal et écrivait :

Je ne puis m'empêcher de croire qu'il en coûte à Théobald pour faire de semblables folies... C'est si peu dans son caractère ; il croit me punir beaucoup, et j'avoue que je souffre de lui voir faire une action que je trouve ridicule, si elle n'est pas admirable par l'intention de me corriger. Mais il ne sait pas à quel point les objets matériels par eux-mêmes me sont devenus indifférents, depuis que j'ai perdu son affection et l'espoir de l'attirer chez moi, car je n'ai jamais tenu aux objets les plus précieux que pour en orner les lieux où il était...

Pour essayer de reprendre pied, dans le désarroi moral où elle gisait, la Duchesse n'avait plus de recours que dans la prière et la résignation chrétienne. Elle essaya de s'y accrocher ; mais la chose était difficile pour un cœur fougueux comme le sien !

Le soir du 22 avril, après avoir copié sur son journal un fragment de l'Ecclésiaste : « Mon fils, souffrez avec patience l'attente et les retards de Dieu... », elle ajoutait :

Garder le silence dans les peines de la vie, souffrir et se taire, telle est la manière de mettre à profit les sages conseils de ces consolantes paroles. Que de motifs pour adopter ce parti ! Il est si rare, lorsqu'on parle le cœur plein, de ne pas trop en dire et d'envenimer ainsi ses peines ! En se taisant, on est sûr de plaire à Dieu et de ne pas aggraver sa position près des hommes, si même on ne l'améliore pas. Tous ces calculs, même humains, doivent donc nous décider à adopter ce parti. Mais cet empire sur nous-mêmes ne peut nous venir que de Dieu ; prions-le donc pour l'obtenir avec la confiance qu'il doit, un jour, céder à nos instances. Celui qui a dit : « Apprenez de moi que je suis doux et humble de cœur », ne nous refusera pas les moyens de suivre ce précepte.

Le silence absolu dans les circonstances que les autres savent vous être pénibles peut être aussi improbateur que les reproches ; il n'est donc pas une lâcheté et conserve mieux la dignité de la personne froissée que les emportements. Il est bien plus facile de se taire que de ne dire que juste ce qu'il faut.

Le bonheur en ce monde consiste dans les affections que nous inspirons ; souvenons-nous donc qu'il a été dit : « Bienheureux ceux qui sont doux, car ils posséderont la terre » ; et prenons courage en nous rappelant qu'il a été dit aussi : « Frappez, on vous ouvrira. Demandez, on vous donnera. Bienheureux ceux qui pleurent, car ils seront consolés. »

Dès le lendemain, madame de Praslin allait apprendre que le silence ne suffit pas à calmer les cœurs irrités. Elle errait dans l'hôtel, au deuxième étage, essayant peut-être de rencontrer ses enfants, de se rendre compte des détails de leur vie, lorsque, tout à coup, la porte de la chambre où demeurait l'institutrice s'ouvrit, et le Duc parut.

Il blêmit de fureur, en constatant que sa femme ne renonçait pas encore à l'épier. Sa figure atone et molle en devint brusquement si

terrible que la Duchesse n'eut pas un instant
l'idée de formuler un reproche. Non, elle fut naturellement fidèle à ses pures résolutions de la
nuit ; elle tourna le dos sans rien dire et descendit vers ses appartements.

Mais une telle improbation muette fut loin d'a-
paiser la colère de M. de Praslin : aucune violence n'aurait su le pousser plus loin que cette
malencontreuse douceur. Il se précipita à son
tour dans l'escalier, poursuivant sa pauvre
femme d'injures et de gestes insultants. Il la
laissa se jeter dans sa chambre et il se retira dans
la sienne ; mais il n'y resta pas longtemps. Une
rage nouvelle le secoua tout entier ; il suivit ce
même chemin qui reliait, par l'antichambre et
le cabinet de toilette, leurs deux appartements,
et fit encore irruption chez la Duchesse.

— Ah ! vous m'espionnez ! rugit-il, avec sa
flamme mauvaise dans les yeux. Ah ! vous m'espionnez ! Prenez garde à vous !

Cette fois, ce fut un vase de Saxe qui se brisa
en mille pièces ; ce fut l'aiguière de vermeil qui
avait servi au baptême du petit Horace, qui fut
foulée aux pieds. Puis, calmant sa folie de destruction, le Duc saisit brutalement un petit pla-
teau et deux vases d'émail, qu'il avait donnés
jadis à sa femme :

— Vous ne méritez pas de garder ces cadeaux,
grinça-t-il méchamment. Vous ne les verrez plus!

Et, par la porte du cabinet de toilette, il rentra
chez lui.

La Duchesse passa une nuit d'épouvante. Ces objets que son mari lui avait enlevés, n'allait-il pas les donner à une autre, peut-être à Henriette? Aimait-il vraiment cette femme, ou ne jouait-il ce jeu affreux que pour la faire souffrir ? Quelles étaient ses habitudes, ses liaisons, depuis qu'il l'avait abandonnée, depuis quatre ans déjà ? Elle ne pouvait y songer sans frémir, et alors, elle se raccrochait à la prière :

O mon Dieu, je l'aimais trop, vous avez voulu me punir, vous avez frappé juste : je pouvais tout perdre avec courage, avec résignation, avec joie, tant que son affection et celle de ses enfants me restaient ; maintenant, je n'ai plus leur estime.

Dans l'amertume de ma douleur, je sens la preuve de votre amour pour moi par la grandeur de l'épreuve ; je sens au fond de mon cœur que chaque nouvelle douleur est une nouvelle promesse, ô mon Dieu, de leur être réunie, un jour, dans votre sein. Frappez, frappez, mon Dieu, et daignez exaucer ma prière ; donnez-moi la force en ce monde de supporter comme il vous plaira tout ce qui vous plaira...

La dignité sublime de Notre-Dame de Praslin au milieu de ses lancinantes épreuves sembla bientôt être récompensée. Le Duc avait-il senti ce que ses accès de gamin sans éducation avaient de déplorable ? Le lui avait-on fait discrètement sentir auprès de lui ? Toujours est-il qu'il changea d'attitude, et, au bout de cinq à six jours, il vint faire lui-même des propositions de paix.

— Il faut changer notre manière de vivre,

Fanny, dit-il, de ce ton doucereux qui contrastait avec ses soudaines brutalités. Ces scènes, ces brouilles qui durent depuis six mois sont insupportables. Je connais vos griefs, je veux les apaiser.

— Ah ! Théobald, soupira-t-elle, c'est un si grand changement que je souhaite !

— Eh bien, mais... croyez-vous que je ne puisse pas l'opérer ?...

Il ne la regardait pas, mais il avait pris sa belle main, et la caressait doucement.

— Quoi ! vous me rendriez ma position naturelle de femme et de mère ?

— Pourquoi pas ? Je ne m'y suis jamais opposé... Je n'ai pas de plus vif désir que de reprendre avec vous une vie tout intime, — pourvu que vous vous y prêtiez.

Cette dernière phrase fit froncer les nobles sourcils de la Duchesse. Que venait-il lui proposer ? Se rendait-il compte qu'elle ne pouvait être heureuse sans avoir sa confiance illimitée, sans exercer tous ses droits de maîtresse de maison, de directrice de ses enfants ? Elle n'osait pas préciser ces conditions. Voudrait-il jamais les signifier à mademoiselle Deluzy ? Alors celle-ci bondirait, lui mettrait le marché à la main, il céderait. Elle recula devant une explication formelle, se laissa aller aux câlineries de cet homme qu'elle aimait malgré tout ; mais, au fond, elle doutait...

Cependant, l'espoir ne devait-il pas se ranimer ? Quelques jours plus tard, Henriette elle-même vint à la rescousse. Elle s'était départie de son allure compassée du mois précédent. Elle se prêta à de timides questions de la Duchesse et lui laissa comprendre que, si le Duc estimait qu'elle devait s'entendre avec elle pour tout ce qui concernait les enfants, elle n'y voyait aucun inconvénient.

— Alors, dans ce cas, vous ne nous quitterez pas ? demanda madame de Praslin d'une voix un peu tremblante.

La blonde Henriette ouvrit ses yeux candides :

— Oh ! madame, pourquoi cela ? Je n'y ai jamais songé.

— Ah ! que vous me faites du bien ! s'écria la pauvre mère. Moi qui craignais, je vous l'avoue franchement, que vous n'ayez le désir de vous emparer entièrement de mes enfants, et de me les enlever !...

Elle sanglotait. L'institutrice reprit avec calme :

— Pourquoi, madame, aurais-je formé un semblable projet ? Je pensais que votre santé vous mettait hors d'état de vous en occuper pour le moment, et j'ai cherché à vous suppléer, voilà tout. Monsieur le Duc ne m'a jamais dit autre chose, et c'est ce que sans cesse il répète aux enfants. Si maintenant vous vous portez mieux, il ne me restera qu'à m'effacer...

Qu'y avait-il de sincère dans ces déclarations ? Peu de chose, sans doute. Le Duc désirait avant tout mettre un terme aux esclandres qui pouvaient à la longue s'ébruiter et lui causer de sérieux préjudices. On en chuchotait dans les salons. On en avait parlé aux Tuileries. Ces derniers jours, madame de Dolomieu avait dit à brûle-pourpoint à la Duchesse : « Votre mari a un très tendre et entier dévouement pour vous, n'est-ce pas ? » Et celle-ci n'avait répondu qu'en louvoyant.

De plus, la restauration de Vaux marchait grand train. Elle engloutirait plusieurs millions. Ce n'était pas l'heure d'envisager une rupture. M. de Praslin jouait un jeu difficile, mais il le jouait avec assez d'habileté.

Seulement, aux conversations conciliantes ne succéda aucun effet. Fanny commença à noter avec amertume la profonde duplicité de son mari :

Lui qui était si sincère, sans cesse je le surprends faisant mille mensonges...

Et elle s'écriait avec impétuosité :

Ah ! tu n'es plus toi, tu n'es plus celui que j'aimais. Quoi ! tu es dominé à ce point d'oublier que tu as encore des devoirs vis-à-vis de moi ? Tu ne songes pas que ces enfants, que j'ai passé les plus belles années de ma vie à mettre au monde sans un mot de plainte (lorsque tant de femmes en veulent à leur mari pour deux ou trois grossesses) j'ai, moi aussi, des droits sur eux ? Qu'en me privant de ta tendresse, tu devais au moins partager la leur avec moi ? Après avoir épuisé ma vie à renouveler ta race, à t'assurer les jouissances du cœur en t'entourant de famille, il faut que moi, leur pauvre mère, je sois repoussée par toi... Oh ! mon agonie est cruelle ! Quelquefois, il me semble que j'ai tant souffert que je cesse de t'aimer. Je ne t'en veux pas ; je te pardonne ; je suis convaincue que ce n'est pas ta faute tout à fait, tu es faible... Mais j'ai tant souffert !...

La dure réalité apparaissait plus crûment de jour en jour aux yeux de cette femme sentimentale et romanesque. Dans son journal, elle note, à la date du 22 mai, cette plainte affreuse :

Depuis que tu ne veux plus d'enfants, tu te crois dégagé de tous sentiments affectueux, de tous soins, de tous égards. Je n'étais donc qu'une machine ? Mais moi, j'avais mis tout mon cœur, toutes mes espérances, tout mon bonheur dans notre union ; c'était l'histoire de ma vie.

Tant de souvenirs, tant de liens chéris, tant d'enfants ! Il me semblait que nous n'étions qu'un, que nous devions vivre et penser à deux. Loin, comme les autres femmes, de redouter la vieillesse, je jouissais d'avance du bonheur que nous aurions à nous être aimés depuis si longtemps, à causer ensemble de nos vieux souvenirs, à revivre dans nos enfants, à quitter ensemble, pour un meilleur monde, celui-ci... Hélas !

Dans un tel état d'esprit, madame de Praslin ne pouvait se résoudre à aller passer l'été à Vaux. Rien que la pensée de ce château, où elle avait été jadis si aimablement accueillie par ses beaux-parents, mais où déjà, l'année précédente, elle avait connu des heures si douloureuses, la rendait folle. Elle l'avouait elle-même. On partit donc sans elle. Par une bizarrerie psychologique, maintes fois observée, l'éloignement et la solitude qui auraient dû exaspérer sa jalousie, la calmaient un peu.

Les jours passèrent. Elle se laissa aller à quelque espoir. Vers la fin de septembre, elle rejoignait sa famille au château.

Ne nous le dissimulons pas : elle était devenue pour ses enfants, peut-être même pour le Duc et la gouvernante, une malade dont la présence n'était nullement désirée. Dès le premier accueil, elle n'en put douter. Le marchepied de la voiture n'avait pas fini de se baisser qu'elle avait déjà lu clairement dans l'air glacial, mécontent et dédaigneux de son mari, dans l'expression contrariée du regard de ses enfants, et surtout dans les yeux d'un bleu froid qui apparaissaient derrière l'épaule de M. de Praslin. L'institutrice avait certainement mis à profit son tête-à-tête. La Duchesse allait se trouver plus isolée que jamais.

Déjà le Duc, sous un prétexte ou sous un autre, ne quittait plus Henriette, n'entreprenait plus rien sans elle, et il ne se gênait plus pour critiquer ou ridiculiser ce que faisait sa malheureuse femme. Ce furent des semaines atroces, où elle fut obligée de reparler de séparation.

Séparation légale, d'abord :

Je sais fort bien que tu es le maître, tu peux tout sur moi, écrivait-elle. Mais il est une chose dans laquelle les droits d'une femme sont presque égaux à ceux d'un mari, tu l'oublies entièrement. Ne sais-tu donc pas que les lois, si je les invoquais, décideraient en ma faveur ?

Séparation amiable ensuite :

Au point où en sont les choses, je crois qu'il vaudrait mieux nous séparer sans bruit, sans éclat, sans en parler à personne. Le temps arrange bien les choses : il finira par t'ouvrir les yeux sur la triste et déplorable influence à qui tu as laissé prendre tant d'ascendant sur toi, tant d'autorité dans ta maison. Jusque-là, laisse-moi attendre en paix, dans la solitude...

Tu as été longtemps si parfaitement bon pour moi que j'ai cru que tu m'aimais comme je t'aimais, et qu'un jour tu me reviendrais. Cette illusion est détruite. Puisque je n'ai pu gagner ton affection autrefois, je ne le puis plus espérer maintenant que tant de chagrins m'ont, je le sais bien, aigri le caractère. Mon cœur est toujours le même, tout à toi et en toi et nos enfants ; mais je vois que je ne suis rien ni pour toi ni pour mes enfants. Tu as annulé ma vie, tu me contrains à n'être que spectateur, lorsque je devrais être le second chef de la famille. Je vois sous mes yeux mille choses qui choquent mes principes et mes affections. Je suis visiblement à charge à toi et à une partie de mes enfants, extérieurement du moins, car tu es bien loin de connaître le fond de leur pensée. Enfin, ma vie, tu l'as rendue inutile ici, tu me fais sentir que je suis de trop, et seulement soufferte. Je sais que je ne puis rien pour changer quoi que ce soit à tes déterminations. Je ne te demande donc que de faire nos arrangements pour qu'au moins je ne sois pas contrainte à assister à des choses que je ne saurais m'empêcher de blâmer dans le fond de mon cœur... Je souffre trop ici, privée de tout dans le lieu que j'aimais, au milieu de ceux que je chéris et qu'une intrigante m'arrache.

Et la Duchesse précisa ainsi sa demande :

Si des eaux sont ordonnées à Aline, accorde-moi ta confiance pour l'y conduire. Ah ! si tu me permettais de consacrer ma vie à ceux de mes enfants qui te procurent le moins de joie, à ceux que la nature a le moins bien traités, ce serait beaucoup pour moi.

Cette séparation, même sous les apparences les plus plausibles, le Duc n'en voulait à aucun prix. Sa mauvaise humeur, il faut le dire, l'espèce de répulsion instinctive qu'il éprouvait maintenant pour sa femme, n'avaient fait qu'augmenter. Il la rendait responsable de tous ses ennuis. M. Drouyn de Lhuys, candidat de l'opposition constitutionnelle, l'ayant délogé de son siège de député, il en vint à reprocher à la Duchesse de ne prendre aucune part à ses intérêts, de travailler à lui nuire. Les menaces succédèrent aux insultes. Le vase déborda. Une nuit d'automne, Fanny, dans une fièvre indignée, lui écrivit ce billet rédigé au crayon :

Si vous prétendez, avec vos demi-mots entrecoupés, faire entendre que je n'approuve pas publiquement que dans la maison tout soit sous la conduite d'une personne que je méprise et qui ne mérite pas plus votre confiance que la mienne, vous avez raison, car je trouve que c'est un scandale ignominieux que la présence d'une femme près de jeunes personnes et qui s'affiche comme elle le fait. Je sais très bien que vous avez d'autres liaisons, que ce n'est pas elle qui occupe votre vie : mais elle en a l'attitude ; c'est là ce que j'ai le droit de réprouver.

Je n'ai aucune prétention de m'immiscer dans votre conduite et vos affections particulières ; mais ni les menaces, ni les mauvais traitements ne m'empêcheront de vous répéter, comme j'en ai le droit, que vous vous trompez en mettant nos enfants dans les mains d'une femme qui ne tient pas à sa réputation et ne se respecte pas elle-même.

Si, par vos menaces, vous entendez me parler d'une séparation, vous devez vous rappeler que vous n'en avez pas l'initiative...

Je vous trouve un peu singulier, je l'avoue, de vous exaspérer, lorsqu'une fois, par hasard, je cherche à me sauver de cette odieuse vie que je mène. Vous cherchez à mon voyage de grands prétextes : tant que j'ai eu un mari, des enfants, une maison, j'étais heureuse et ne songeais pas à m'éloigner. Maintenant que vous m'avez tout enlevé, j'avoue que je songe à me sauver de cet enfer, car, sachez-le bien, il n'y a pas d'expression pour les chagrins que j'endure...

Depuis longtemps, je sollicite une explication de

vous. J'ai fait tout ce que j'ai pu pour l'obtenir, vous me la refusez. Je vous demande donc, pour éviter de plus grands scandales, l'autorisation de faire un voyage. Durant ce temps, vous réfléchirez au parti que vous jugerez convenable de prendre.

Je ne resterai certainement pas à Paris ; j'irai tout de suite en Basse-Normandie. On dira que j'ai besoin de bains de mer, ce que vous voudrez ; mais, sous aucun prétexte, je ne resterai ici dans une semblable position...

Je partirai, si vous le jugez convenable, après-demain ; voyez si vous pouvez me prêter une voiture...

Vous m'avez traitée comme une coupable : je ne le méritais pas. Que Dieu vous pardonne !

Ce second départ violent de la Duchesse allait porter ses fruits. A peine était-elle réfugiée en Normandie que son mari lui fit savoir qu'il était décidé à modifier les décisions qu'il avait prises pour l'éducation de ses enfants. Il avait renvoyé mademoiselle Jost, dont l'action sournoise n'avait pas été sans influence sur les derniers incidents, et, à la grande joie de sa femme, il ne l'avait pas remplacée ; mais, pour soulager mademoiselle Deluzy, il avait confié ses trois garçons à un précepteur. Ceux-ci échappaient ainsi à l'autorité de l'institutrice, et Fanny put espérer les rejoindre plus aisément. Elle réintégra l'hôtel Sébastiani, et l'hiver s'engagea sur cette organisation nouvelle.

Inutile de dire que, dans ce foyer désaxé, elle

ne satisfit personne. Madame de Praslin, tout en se consolant un peu avec ses fils, souffrait toujours de la présence d'Henriette, plus que jamais ancrée dans la maison, tandis que celle-ci trouvait fort lourde la charge d'élever six filles, qui allaient de dix-huit à quatre ans. Le précepteur gênait tout le monde. Le Duc ne tarda pas à s'en débarrasser.

Cependant, que faire de ses élèves ? On confia l'aîné à un certain M. Boussu, professeur au collège Bourbon, qui se chargea de conduire en classe son jeune pensionnaire. L'expérience réussit. Tout est préférable, pour des enfants, à la vie dans un ménage divisé par des querelles. Aussi, Horace suivit-il bientôt l'exemple de son frère et vint-il se réfugier auprès de l'excellent M. Boussu.

Ces départs ayant apporté un peu de calme dans l'hôtel, le Duc songea à appliquer à ses filles le système d'éducation qui avait si bien réussi pour les garçons. Les trois plus jeunes, Aline, Marie et Léontine allèrent bientôt étudier en paix sous les ombrages du Sacré-Cœur..

L'année 1843 se déroula durant tous ces changements. Ils avaient amélioré la situation de la famille. Si les mêmes causes profondes de dissension existaient entre les époux, les occasions de heurts, que faisait naître sans cesse le moindre enfantillage, avaient à peu près disparu. Chargée seulement de trois grandes jeunes filles, auxquelles elle laissait beaucoup d'indépendance, et dont l'aînée, Isabelle, témoignait à sa mère une tendre affection, Henriette était plus libre de voir le Duc et de passer avec lui de longues heures ; mais les soins qu'elle donnait au seul petit Raynald, laissé au foyer, ne suffisaient pas à lui maintenir cette sorte d'autorité usurpée sur toute la maisonnée, autorité qui, avant toutes choses, avait désespéré madame de Praslin.

Celle-ci, d'ailleurs, lassée de ses longues luttes, avait fini par s'accommoder à demi de l'existence qui lui était accordée. Le temps use les passions les plus aiguës. Elle se flattait que l'engouement de son mari pour Henriette décroissait chaque jour. De plus, ses aînées avançaient en âge : l'heure arrivait de songer à les marier, de reconnaître qu'une gouvernante était complètement inutile dans la maison. Il ne s'agissait que d'être patiente et d'attendre.

Elle se reprit à aller dans le monde. Elle vécut largement auprès de son père, qui, maréchal maintenant et député de la Corse, faisait de longs séjours à Paris. Quand elle sentait que ses anciennes rancœurs lui revenaient, elle s'éloignait, se faisait même servir ses repas dans sa chambre, pour éviter tout nouvel éclat ; mais, d'autres fois, autour de la table rétrécie, la paix régnait, la paix extérieure, qui imposait son bâillon aux âmes profondément troublées.

Sous les lambris de Vaux-le-Vicomte, si le cœur de Notre-Dame de Praslin défaillait toujours sous une immense mélancolie, elle s'efforçait du moins de le dissimuler. Elle accepta de prendre part aux promenades en commun, de subir la compagnie de sa rivale. Parfois, cependant, pour un geste maladroit de son mari, pour une parole blessante, elle retrouvait ses fureurs de naguère. Les vacances, en ramenant tous les enfants autour d'elle, multipliaient ces dangereux hasards.

Un soir, à Dieppe, pour un mot inconsidéré, elle sentit se rouvrir ses anciennes blessures. Ce fut une crise que ses filles ne devaient jamais oublier. Elle s'échappa de la maison, en proie à une frénésie de désespoir, criant qu'elle s'allait jeter dans la mer... Tous étaient atterrés. Elle courut vers la plage, disparut à un tournant. Ses enfants, glacés, regardèrent leur père. Il ne bougeait pas. Ses yeux, toujours vagues, étaient ailleurs. Qu'attendait-il ? A quoi songeait-il ? Enfin, il secoua ses épaules, se leva. Il était fort ennuyé d'un tel esclandre. Il fallait aller à la recherche de cette pauvre femme, si difficile à vivre.

... On la retrouva aux environs de minuit. Elle était calmée, semblait un peu honteuse de son escapade. Elle choisissait des curiosités dans un bazar.

— Le temps passait cependant. Le terme que souhaitait la Duchesse ne pouvait plus tarder. Elle en retrouva presque le sourire. A tel point que le Duc en perdit toute prudence. Pour compléter l'éducation de ses filles, il projeta d'emmener Louise, Berthe et Aline chez leur grand-père, en Corse, après avoir visité l'Italie, et la complicité ingénue des jeunes filles entraîna Henriette avec elles.

Leur mère ne s'y opposa point. Elle souffrait moins de savoir son mari au loin avec cette femme, que de les surveiller vainement à sa porte. Puis, ne goûterait-elle pas une vraie joie à sentir sa maison délivrée d'une odieuse présence tandis qu'elle-même vivrait en liberté avec ses autres enfants ?

Durant les beaux jours de 1845, le Duc s'éloigna donc avec ses filles, avec Henriette surtout. Tout semblait lui sourire. Son échec à la Chambre des Députés venait d'être compensé par son accession à la Pairie. Il triomphait du succès de ses patientes manœuvres domestiques et se promettait de paisibles jours d'une hypocrite régularité.

Malheureusement, le voyage finit mal. Tandis que les touristes, à des degrés divers, s'enivraient de l'azur méditerranéen, des côtes sauvages et parfumées de cyste de la Corse, de ce pays, encore farouche, d'où étaient sortis les Sébastiani, des fêtes triomphales qui accueillaient là-bas l'illustre Maréchal et ses petites-filles, voici que des bruits fâcheux circulaient dans Paris. Cette fois, l'escapade de M. de Praslin dépassait les bornes. Des murmures calomnieux l'accusèrent d'avoir terminé par un coup d'éclat son long adultère. Il était parti avec cette belle institutrice, Anglaise selon les uns, Italienne selon les autres, et parti pour ne plus revenir. Il y eut, dans de petits journaux, des entrefilets perfides. Ce fut le gros scandale, dont tout le monde commença à se réjouir sous cape : les légitimistes, qui voyaient sans déplaisir la misère morale de l'aristocratie ralliée à la branche cadette, la bourgeoisie libérale et le peuple révolutionnaire, violemment irrités contre la Pairie et contre tout ce qui rappelait l'Ancien Régime.

Si les douleurs sentimentales de madame de Praslin s'étaient émoussées à la longue, son orgueil de race, le souci de sa dignité étaient encore à vif. Elle qui avait tout fait pour cacher à ses amies les plus intimes le désordre de son ménage, elle sentit combien elle avait eu tort de ne pas suivre son mari en Corse, eût-il dû lui en coûter les pires humiliations... Mais maintenant que le mal était accompli, que la trahison était devenue publique, elle jura d'y mettre un terme, quoi qu'il pût en advenir.

Henriette para le premier coup. Dès le retour à Paris, elle vint, elle-même, s'offrir en victime.

— Après un pareil affront, déclara-t-elle, je ne puis demeurer ici un jour de plus. C'est une situation abominable qui m'a été créée. Il m'est impossible de la subir.

M. de Praslin avait perdu contenance. Il cherchait quels arguments il pourrait opposer à son amie. Et comme il avait l'esprit peu inventif, il n'en trouvait pas.

Celui qui vint le tirer de là, ce fut le vieux janvier elles échangèrent des cadeaux. Henriette inattendu n'avait pas vécu pendant dix ans dans les ambassades pour ignorer la diplomatie.

— Non, mademoiselle, dit-il à Henriette avec une grande autorité. Vous ne partirez pas en ce moment. Une détermination de cette nature, à l'heure où nous sommes, démontrerait justement ce qu'il importe de réfuter. Votre éloignement donnerait quelque consistance aux bruits qui vous inquiètent. Nous devons tous, au contraire, les mépriser hautement. Et vous verrez qu'ils ne tarderont pas à tomber d'eux-mêmes.

Ce n'est point que, dans son for intérieur, il ne fut intimement persuadé qu'Henriette dût quitter la place. Il avait vu trop de choses, lui, l'homme à bonnes fortunes, le « Cupidon de l'Empire », pour ne pas désirer la fin d'une situation aussi scandaleuse, dans l'intérêt de sa fille, de ses petits enfants, de son gendre lui-même : mais il importait de ne rien brusquer, et d'endormir doucement l'opinion publique.

Un mariage était projeté entre Isabelle et le marquis italien Hermann de Roburent, fils du marquis de Pampara. Était-ce l'heure de gâter les choses par un esclandre ? Il fallait, au contraire, temporiser encore. Il l'expliqua lui-même à sa fille, qui, avec quelque stupeur, avait appris son intervention.

Cette promesse de rétablir enfin l'ordre, calma ses rébellions. Elle s'appliqua même si bien à endormir sa redoutable ennemie qu'au premier janvier elles échangèrent des cadeaux. Henriette lui offrit un ouvrage qu'elle avait brodé pour elle, et la Duchesse l'en remercia, en lui adressant un bracelet, avec la lettre suivante :

Paris, le 1er janvier 1846.

S'il est défendu de se coucher sans s'être réconcilié avec son prochain, il me semble qu'une nouvelle année doit, à plus forte raison, mettre fin à tous les dissentiments et faire oublier tous les griefs. C'est donc de bon cœur que je vous tends la main, Mademoiselle, et vous demande d'oublier, pour bien vivre désormais ensemble, tous les moments pénibles que j'ai pu vous occasionner, et vous promets aussi de passer une éponge sur les motifs, qui, en me blessant, m'y avaient excitée.

Chacun a ses torts en ce monde, et je suis bien tentée de croire que c'est trop heureux : cela doit rendre plus indulgent mutuellement et faciliter les réconciliations. Je suis bien convaincue de votre attachement sincère et tendre pour mes enfants, et, croyez-moi, personne n'est disposé plus que moi à la reconnaissance et à l'affection pour les personnes qui se consacrent à eux, si je ne suis pas blessée au cœur par la pensée qu'on les détache de moi. Vous le savez comme moi, c'est l'habitude qui attache, et surtout les enfants ; en ne voyant pas leur mère, elle perd sa place dans leur cœur, comme dans leur vie ; ils finissent par douter de son affection, bienheureux si, plus tard, leur estime et leur confiance n'en sont pas ébranlées.

Certes, ce n'est pas là votre but ; car vous devez sentir qu'il serait un jour aussi pernicieux pour les enfants qu'il est douloureux pour la mère de détruire les liens les plus sacrés. De picoteries en picoteries, on arrive à faire des choses qui sont, en commençant, bien loin de la pensée. Si, au lieu de s'exciter sur les défauts qu'on se reconnaît mutuellement, on les ménageait réciproquement, je crois que chacun en ce monde ferait un bon marché. Il ne s'agit que d'être bon cocher et de faire le tour des tas de pierres au lieu de passer dessus. Pour ma part, je confesse que j'accroche souvent...

Et elle terminait ainsi :

J'avais depuis longtemps formé le projet de vous écrire pour tout renouveler avec l'année ; c'est donc avec un double plaisir que j'ai reçu votre charmant ouvrage, ce soir, puisqu'il m'a donné la preuve que vous étiez aussi disposée à mettre fin à un état de choses, qui, j'en ai la conviction, ne peut être que fâcheux pour les enfants, vous mettre vous-même dans une position souvent fausse et désagréable, et moi, me placer dans une position bien cruelle pour moi qui vis si isolée depuis quelque temps de mes affections les plus chères, au milieu desquelles j'étais si heureuse ! J'envisageais avec tant d'ardeur le moment où mes filles seraient grandes, et, je l'avoue, je souffre bien de les voir ce qu'elles sont pour moi.

Mais en voici bien long pour dire qu'il faut que nous tâchions de perdre un faux pli pour en prendre un autre, et vous prier de recevoir et de porter ce gage d'une nouvelle alliance à laquelle j'espère que vous consentirez.

Sébastiani-Praslin.

Cette lettre, si digne et si fine, sous une apparence de naïveté et de négligence, apaisait toutes les aigreurs, en maintenant les droits de l'épouse et ses légitimes revendications. On en verrait plus tard les effets. Pour le moment, tout disparut dans les préparatifs du mariage d'Isabelle, et nulle querelle ne troubla plus la maison. Chaque fois que madame de Praslin allait au spectacle, elle offrait dans sa loge une place à l'institutrice ; il en était de même lorsqu'elle emmenait ses filles à quelque partie de plaisir. Fréquemment on voyait ensemble la noble matrone brune, dans son imposante beauté, et la mélancolique et froide blonde, dont on avait déjà escompté la victoire. Les leçons du Maréchal étaient bien observées. L'opinion publique ne protestait plus.

C'est ainsi que, sans encombre, Isabelle de Praslin devint, au mois d'août suivant, comtesse de Roburent, et partit pour l'Italie. Elle était accompagnée par son père, ses deux sœurs, Louise et Berthe, et l'indispensable gouvernante.

Croira-t-on que ce nouveau voyage avait été imposé par la violence à madame de Praslin ? Non, elle l'avait subi comme une dernière concession, faite, d'ailleurs, avec une certaine joie. Le mariage de sa fille aînée, tout en la privant de celle qui lui avait marqué la plus vive affection, sonnait déjà le départ de l'institutrice. L'heure était là, l'heure où la présence d'Henriette dans la maison deviendrait sans motif. Elle ne pouvait s'empêcher d'en concevoir une secrète joie, que son adversaire notait avec dépit.

Elle s'en cachait cependant, et si bien, que,

débarquée à Turin, ce fut elle qui se chargea d'envoyer des nouvelles de tous à la Duchesse. Celle-ci, qui était demeurée dans les splendeurs de Vaux, heureuse d'avoir son petit monde autour d'elle, lui répondait :

Praslin, le 25 août 1846.

Je ne veux pas différer un moment, Mademoiselle, à vous remercier de votre aimable lettre, qui m'a fait un vif plaisir et que, loin de trouver trop longue, j'aurais voulue plus du double. Je l'ai eue ce soir, et en vérité je ne vous cacherai point qu'il était temps que les lettres m'arrivassent, car ma tête et mon cœur s'en allaient grand train, à la suite de ce long silence.

Il paraît que tout le monde s'en apercevait, car figurez-vous que c'est le facteur, qui, à sept heures du soir, spontanément et de sa propre inspiration, m'a apporté votre lettre et celle de Berthe. Louis faisait une course dans Melun qui l'avait attardé pour passer à la poste ; on a cru que je n'enverrais plus aujourd'hui et notre pauvre piéton, se trouvant au bureau, et apercevant le timbre de Torino, oubliant sa fatigue de la journée, au lieu de se reposer a repris ses jambes à son cou, et, toujours courant, a apporté en triomphe les lettres à Praslin.

Vous voyez qu'il est bon d'avoir des amis partout, et cela vous donne aussi la mesure de l'anxiété où l'on me voyait. Enfin *all is well that ends well*.

Pauvre Louise aura reçu une lettre bien maussade de moi par l'entremise de madame Garnesion : j'espère qu'elle m'excusera.

Ce matin, nous avons entendu la messe à la chapelle pour la Saint-Louis. Mes petites sont charmantes pour moi, et depuis huit heures et demie du matin jusqu'à neuf heures et demie du soir, nous ne nous quittons pas. Le soir, je leur lis des pièces de Molière qui les ravissent. L'intelligence de Marie se développe beaucoup.

Je suis heureuse comme vous pouvez le penser du bonheur d'Isabelle, mais je suis bien étonnée que vous ne trouviez pas de changement dans ses manières ; il y en a cependant un bien remarquable dans ses lettres, à la fois si soignées maintenant et si expansives.

Je vous remercie mille fois des détails que vous me donnez. Je compte bien sur votre obligeance pour continuer à me donner quelques directions et renseignements.

Mes petites se faisaient une fête de la distribution des prix chez les sœurs, et moi de les y conduire, mais il faut y renoncer. Le curé de Crisenoy me l'a fort conseillé ; il y a une espèce d'épidémie à Maincy et la mortalité sur les enfants et les vieillards est très considérable, tandis qu'à Moisenay, c'est sur les femmes qu'elle sévit.

Nous vivons complètement enfermés à Praslin, mais non renfermés, je vous assure. Quand il fait beau, le moins que nous passons dans le parc, c'est quatre heures. Nous faisons très bon ménage dans notre solitude, mes chères petites et moi.

Voici une lettre dont je suis honteuse et que certainement je ne relirai pas, car je sens que je n'aurais ni le courage de l'envoyer ni de la recommencer à l'heure qu'il est, et demain avec l'arrivée des Breteuil, après-demain avec celle des Praslin, je n'aurais pas une minute pour vous remercier, et vous prier de continuer à être assez bonne pour m'écrire bien des détails, et soyez sûre que ce que vous trouverez trop ne sera pas assez pour moi.

Le Conseil Général est le 14. Je pense bien que M. de Praslin le brûlera ; à sa place, je n'y manquerais pas. Vous dites que Louise et Berthe parlent de moi souvent avec Isabelle ; c'est peut-être pour me faire plaisir que vous l'écrivez. En tout cas, vous avez complètement réussi, car j'en ai pleuré de joie.

Encore une fois, ma chère Mademoiselle, merci du fond du cœur de votre lettre qui, je l'espère bien, ne sera pas la dernière.

Sébastiani-Praslin.

A lire de telles missives, on pouvait croire que la ténacité du Duc et de la gouvernante avait eu définitivement raison des résistances, des indignations, des désespoirs de Fanny ; que, désormais, la situation d'une institutrice-maîtresse était acceptée au foyer... On touchait au contraire à la crise aiguë de ce long, de ce pénible, de cet exaspérant roman.

CHAPITRE VI

A la fin de l'année 1846, madame de Praslin partit à son tour pour l'Italie, afin d'assister sa fille durant ses couches. Le Duc continua donc à vivre en compagnie de la blonde Henriette. Ceci ranima tous les commérages. D'ailleurs, mademoiselle Deluzy, fière de son triomphe, croyant sa position assurée, ne se retenait plus guère. Toute la maisonnée, Euphémie la lingère, Joséphine la femme de chambre, Auguste le valet de M. de Praslin, les Briffard concierges, détestaient cette nouvelle maîtresse, qui avait à leur égard la raideur des parvenus. Leurs bavardages haineux alimentèrent la curiosité publique. Le scandale devint à ce point éclatant qu'on en parla aux Tuileries, et que des membres de la famille royale se promirent d'intervenir.

Quand la Duchesse rentra de Turin, elle tomba au milieu de cette effervescence salonnière qui

renouvelait les affronts de l'année précédente.
Elle osa demander franchement à son mari à
quel âge il estimerait que l'éducation de ses
filles aînées serait terminée, et quand il renver-
rait enfin mademoiselle Deluzy.

.Scène violente, que le Duc mena fort mal.
D'abord, il n'y était guère préparé, et croyait que
de telles querelles étaient finies ; le réveil fut
brusque. Ensuite, il ne tarda pas à s'apercevoir
que sa femme n'était plus seule pour lutter contre
lui ; derrière elle, il y avait la famille royale, et
le Maréchal, et le clergé, et les hommes de loi.
Sa nature brutale sursauta. Pour la première fois
peut-être, il leva la main sur Fanny, lui révélant
le fond sauvage de son caractère. On entendit
des cris furieux. Le vieux Sébastiani apparut
soudain sur le seuil.

— Mon gendre, dit-il d'une voix solennelle, le
respect de l'épouse est la consigne de l'époux.

Théobald, tiré soudain de son égoïste sérénité,
avait peu le goût de tels aphorismes. Il répondit
avec une violence si révoltante que son beau-
père, outré, lui interdit à l'avenir de pénétrer
chez lui, ainsi que ses enfants :

Il y a cinq ans que cela dure, lui écrivait-il. La
presse de Paris a pris soin d'en informer le monde
entier, et aujourd'hui vous êtes le sujet de toutes
les conversations scandaleuses. Vos filles sont sacri-
fiées sans pitié. Je sais qu'elles ignorent tout ce qui
est, tout ce qui se dit, mais, de bonne foi, à qui
espérez-vous persuader ? Croyez-vous qu'en vous

voyant courir l'Angleterre, l'Italie, la France, avec
vos filles et leur gouvernante, sans que la mère vous
ait jamais accompagné, vous soyez à l'abri de réflexions malveillantes ? J'ai poussé la complaisance
jusqu'à vous inviter à venir chez moi, en Corse, avec
elle, parce que j'espérais que vous rentreriez en vous-
même et que vous la renverriez. Je n'en ai jamais
parlé à personne, parce que j'ai pensé qu'un père ne
peut balancer un instant entre les intérêts de sa nombreuse famille et cette femme. Vous êtes aveuglé par
une passion fatale. Je fais une dernière démarche. Je
paierai la pension qui lui est due. Je suis prêt à en
passer le contrat authentique, pourvu qu'elle soit
congédiée immédiatement. Dans le cas contraire, je
ne la recevrai pas davantage dans ma maison et vous
n'éviterez pas un éclat. Réfléchissez bien. Je vous
aime tendrement, et c'est avec beaucoup de peine
que je me suis résolu à cette démarche. J'en espère
les meilleurs résultats et ce ne peut être en vain que
je parle à votre cœur et à votre raison.

La guerre se rallumait ; cette fois, elle menaçait de tourner fort mal pour M. de Praslin et
son Egérie. Le projet de séparation de corps et de
biens se précisait de plus en plus. Maître Riant
l'en avait prévenu et monseigneur le duc de Nemours y fit une allusion attristée. Il allait falloir
choisir entre Fanny et Henriette. Le Duc en eut
une explosion de rage. Il adressa les plus véhé-
ments reproches au Maréchal, qui lui répondit :

Monsieur le Duc,

Vous m'avez déchiré le cœur. Vous avez attribué

à mon insensibilité d'avoir fermé ma maison à vous,
à mes enfants.

Vous êtes obligé de me rendre justice. J'ai tout fait
pour éviter cette séparation qui vous coûte tant.
J'ai pris sur moi tout l'odieux de fermer les yeux,
d'avoir l'air de ne pas croire à tout ce que les journaux avaient répandu dans le public, à tout ce qui se
disait dans Paris, et, pour prix d'une conduite aussi
généreuse, vous venez de m'adresser les reproches
les plus sanglants et les plus immérités. Je n'ai
jamais parlé de mademoiselle Deluzy avec personne.
Je suis prêt à lui donner tous les témoignages qui
sont dans son intérêt, mais soyez juste, et ne me
demandez pas des choses impossibles. Je ne vois pas
ma fille pour ne pas vous indisposer contre elle.
Vous êtes le premier à me priver d'être avec mes
petits-enfants.

Je ne mérite pas d'être traité ainsi.

Voyez les intérêts de ces jeunes personnes, et
écoutez-les. Vous ai-je jamais rien fait qui puisse
m'attirer un pareil traitement ? Mais vous êtes hors
de vous-même, et je vous excuse. Écoutez votre cœur
qui est bon et qui doit me rendre justice.

H. Sébastiani.

Lorsque vous serez vieux comme je suis, vous vous
ferez des reproches d'avoir été dur envers moi.

Cependant le moment approchait, où, tradi-
tionnellement, la famille allait quitter la capitale
pour se rendre à Vaux. Si le Duc réussissait à
effectuer ce départ et à emmener Henriette à
Praslin, il éviterait l'effet des menaces du Maré-

chal. Il retrouverait sa femme isolée et désarmée. Il reprendrait tous ses avantages et gagnerait une fois le plus la partie.

Les conseillers de madame de Praslin, parmi lesquels il faut compter l'abbé Gallard, vicaire à la Madeleine, son directeur de conscience, ne per-mirent pas cette échappatoire. La Duchesse devait refuser de partir pour la campagne tant que la situation de l'institutrice ne serait pas définitive-ment réglée. Elle adressa donc à son mari la lettre suivante :

Le 15 juin 1847.

Mon cher Théobald,

J'ai attendu jusqu'à ce moment le résultat des promesses que vous m'aviez renouvelées à mon re-tour d'Italie, de changer l'organisation de notre inté-rieur ; vous semblez l'avoir oublié, et je me vois obligée de vous dire que je ne pense pas devoir re-tourner à Praslin sans y rentrer pour exercer mes droits et remplir mes devoirs de mère et de maîtresse de maison dans toute leur étendue. Le régime des gouvernantes nous a toujours fort mal réussi. Il est temps, dans l'intérêt de nos enfants et de la dignité de notre intérieur, d'y renoncer.

Tant que mes filles ne seront pas mariées, j'habi-terai partout au milieu d'elles, j'assisterai à toutes leurs occupations, je les accompagnerai partout. Tous mes plans sont faits, et, quand vous y aurez réfléchi, vous trouverez certainement autant de motifs de con-fiance pour l'éducation de nos filles dans les soins d'une mère que dans ceux d'une gouvernante. Des maîtres suppléeront aussi facilement à Praslin qu'à Paris, aux leçons d'une gouvernante, qui, d'ailleurs, a toujours recours à leur aide. J'ai tout prévu, tout s'arrangera facilement.

Mon père, je le sais, a fait offrir à mademoiselle Deluzy une pension honorable et viagère. En se rendant avec ce moyen en Angleterre, ses talents et ses protections lui procureront une position convenable, plus facilement qu'à Paris.

Vous vous inquiéteriez à tort du chagrin qu'éprouveront nos filles ; il sera beaucoup plus court et beaucoup moins profond que vous vous le figurez : j'ai des raisons certaines de n'en pas douter. Depuis longtemps vous vous êtes exprimé sur le compte de mademoiselle Deluzy de manière à ne pas laisser douter que vous aviez les yeux ouverts sur une grande partie au moins de ses graves inconvénients. Ce qui peut assurer le mieux d'une manière honorable sa retraite, c'est une pension de mon père, garantie par moi, et son voyage en Angleterre, qui expliquera d'une manière favorable son brusque départ.

Par délicatesse, j'ai d'abord cherché un appui dans votre famille pour vous ouvrir les yeux ; après en avoir attendu en vain le résultat, je dois enfin me soumettre au désir bien légitime de mon père de vous parler au nom des véritables intérêts de nos enfants. Lorsque vous, mon appui naturel, m'avez fait défaut, je dois me laisser guider par mon père. Je ne doute pas que, dès les premiers ennuis passés, vous ne vous applaudissiez d'une crise qui ramènera l'ordre naturel dans notre maison.

Comme cette lettre, véritable déclaration de guerre, ferme et complète, ressemble peu aux sanglots passionnés qui résumaient toutes les autres ! Ici, une main solide a tenu la plume. On prévoit même les dernières tergiversations du fourbe Théobald :

S'il entre dans vos arrangements que mademoiselle D... retourne à Praslin pour y chercher ses effets, j'attendrai qu'elle en soit revenue pour y aller. Si on doit seulement les lui envoyer à Paris, je partirai dès que vous le voudrez pour Praslin. Après tous les bruits qui ont couru, je lui ai montré assez de bienveillance pour la réhabiliter comme vous me l'avez indiqué, autant qu'il dépendait de moi pour la faire sortir honorablement.

J'ai rempli ma tâche : l'intérêt de mes enfants, celui de leur établissement ne me permettent pas de prolonger plus longtemps, par résignation, un état de choses fâcheux pour tous.

Que la crainte des récriminations sur ces moments pénibles ne vous préoccupe pas. Il entrera dans mes vues autant que dans les vôtres de n'y pas revenir. Mon silence sur des antécédents presque analogues vous en est un sûr garant. La première condition de la vie de famille, c'est la paix, la bonne entente : c'est mon but, et il s'obtiendra facilement lorsqu'on ne cherchera pas à éloigner les enfants de leur mère et à régner par la division.

Ce n'est pas sans de mûres réflexions ni sans l'assurance que je suivrais l'avis de mon père que je me suis décidée à prendre une résolution aussi sérieuse. Ce serait avec l'assentiment, j'en suis certaine, de mon oncle de Coigny, qui est pour moi le représentant de ma mère, si je n'avais pas évité jusqu'à présent de l'entretenir d'aussi tristes détails. Mes vues sont que tout s'arrange entre mon père, vous et moi, sans y faire intervenir d'autres conseillers.

Vous m'avez souvent exprimé, mon cher Théobald, le désir de voir les choses prendre une autre face pour que vous sentiez bien les inconvénients de notre intérieur ; mais vous reculiez toujours. Maintenant, je compte sur votre concours, comme dans tout ce qui touche au bonheur de nos enfants.

Fanny Sébastiani-Praslin.

On devine avec quelle colère le Duc lut ces pages. Morose et agité, il pénétra le lendemain chez la Duchesse.

— Nous allons partir pour Praslin, lui dit-il.

— N'avez-vous pas lu ma lettre ? répliqua-t-elle.

Théobald pâlit. Elle crut qu'il s'avançait pour la frapper. Mais il y avait dans son regard un feu que de brèves violences ne calment pas. Il serra ses poings énormes.

— Ah ! grommela-t-il, je crois bien que, par cet acte, vous avez gâté toute votre vie... Prenez garde !

Il se promena de long en large dans la belle chambre somptueuse que le soleil de juin inondait.

— Alors, vous persistez dans votre résolution, dans vos attaques contre moi ?... Contre moi, qui aime mes enfants avec passion, qui leur consacre tout mon temps !... Et vous !... On sait ce que vous avez fait pour eux !

— Moi ? dit-elle en se levant, pâle et tremblante.

— Oui, vous ! Je m'entends. Corrompre de jeunes âmes, leur insuffler la haine, le mépris pour leur père... Plus peut-être...

— Monsieur ! s'écria la malheureuse femme, à quelles ignobles calomnies s'est-on livré contre moi ? Ma vie peut être étalée au grand jour... et vous le savez bien !

Mais il ne répondait pas, et continuait d'arpenter la pièce, avec une irritation si formidable que Fanny osait à peine lever ses regards vers lui. Il y eut un long silence pendant lequel elle se demanda ce qui allait lui arriver.

— Enfin, vous ne voulez pas venir à Praslin ? reprit-il de sa voix dure.

— Non, dit-elle.

— Hé bien, nous verrons !

Le soir, brisée d'émotions et de fatigue, la Duchesse notait ses impressions sur le petit cahier :

... Oui, comme on me l'a dit, je lui ai rendu, à lui, un réel service ; mais, pour moi, jamais il ne me pardonnera ; il se vengera sur moi, jour par jour, heure par heure, minute par minute, de lui avoir rendu ce service, d'avoir eu raison quand il avait tort. L'abîme se creusera tous les jours plus profond entre nous ; plus il réfléchira, plus il se sentira coupable, plus il m'en voudra, plus il appesantira sa vengeance sur moi. L'avenir m'effraie ; je tremble en y songeant ; je me sens bien faible. Mon Dieu, venez à mon aide ! Donnez-moi la force de supporter ces nouvelles épreuves, comme vous le voudrez, et de manière à attirer le plus de grâces possible sur mes enfants, sur lui, le malheureux !...

Il souffre, on le voit ; il sent sa position, car tout me prouve qu'il veut l'éviter pour nos fils. Mais est-il en état d'élever des filles qu'il ne faut approcher qu'avec une auréole de pureté et de pudeur ? Les pauvres enfants, on les séquestrait afin que leur ignorance des usages et des convenances ne leur fît pas apprécier les mauvais exemples qu'elles avaient sous les yeux. Il m'en veut et m'en voudra jusqu'à ma mort, et cependant je le connais, je suis sûre qu'il se dit qu'il eût fait comme moi, seulement plus tôt. Quels peuvent être ses projets pour notre avenir ?

Dans toutes ses crises d'angoisse, Notre-Dame de Praslin se réfugiait dans la prière. Elle notait longuement toutes ses aspirations :

Mon Dieu ! Ayez pitié de ces pauvres enfants, livrées seules et sans conseils, au milieu de ces agitations et de ces fureurs !

... Mais leur père, mon Dieu ! ne l'abandonnez pas ! Faites entrer la lumière dans son esprit, le repentir dans son âme, et alors, mon Dieu ! ouvrez les bras à son repentir, fortifiez-le, soutenez-le pour qu'il ne retombe pas. Hélas ! mon Dieu, il est aveugle et ne sait ce qu'il fait.

Mon Dieu, vous exaucerez ma prière, car j'ai mis ma confiance en vous ; vous me soutiendrez, car je suis faible, et sans vous, je succomberais. Vous le savez, mon Dieu, il n'entre pas de vengeance ni d'animosité dans mon cœur, et c'est avec ferveur que je vous ai demandé et que je vous demande le salut et le retour à de meilleurs sentiments de ceux qui m'ont fait tant de peine. Vous le savez, si j'ai pris un parti qui paraît dur à mes enfants, à leur père, c'est parce que j'ai vu que c'était mon devoir. Ah ! j'aurais voulu, en la renvoyant d'une main, à cause de mes enfants, lui tendre l'autre pour moi, et lui dire que je lui pardonne et ne lui en veux pas. Ah ! qu'elle revienne à de meilleurs sentiments !

Merci, mon Dieu, d'avoir éteint en moi le sentiment de la rancune, au milieu de mes chagrins ! C'est une grande consolation, conservez-la moi, mon Dieu, et soutenez-moi dans les nouvelles épreuves qui m'effraient tant ! Mais vous serez là, mon Dieu, ne m'abandonnez pas, agissez en moi.

Merci, mon Dieu, d'avoir mis en moi la confiance en vous ! Laissez-moi ce bien si précieux. Que deviendrais-je, si vous m'abandonniez ?

Cependant, à côté de la Duchesse, si profondément anxieuse, on n'avait cessé d'agir. Au nom du Maréchal, l'abbé Gallard s'était présenté chez l'institutrice.

— Mademoiselle, lui dit-il, je viens vous prier de réfléchir sérieusement au trouble que votre présence jette dans cette maison. Personne n'ose vous en parler en face. J'ai estimé qu'il était de mon devoir de vous montrer la catastrophe vers laquelle vous poussez une illustre famille. Si vous vous obstinez à rester ici, il y aura un grand scandale à brève échéance, et ce scandale vous suivra toute votre vie. Ne vous entêtez pas dans votre résistance. Madame la duchesse exige votre départ. Vous ne pouvez vous y refuser.

Il parlait posément et avec gravité. Henriette leva sur lui ses yeux bleus, tout remplis d'un étonnement candide.

— Comment, monsieur l'abbé, fit-elle, madame la duchesse exige mon départ ? C'est bien surprenant. Depuis le 1er janvier de l'année dernière, nos relations étaient excellentes.

— Il n'y a, de la part de madame de Praslin aucune irritation particulière contre vous, répondit le prêtre. Elle estime seulement, d'accord avec monsieur le Maréchal, que les jeunes demoiselles qui vous avaient été confiées ont terminé leur éducation, et que, désormais, votre présence est ici sans motif.

Quelques heures plus tard, le Duc lui-même, fort troublé, corrobora ces assertions.

— Ah ! je vous en supplie, s'écria-t-il, cédez avec bonne grâce, et sans exaspérer davantage madame de Praslin ; car le scandale dont on vous a parlé ne peut être qu'un procès en séparation. Alors, songez-y, on m'enlèverait mes filles... Elles ne seraient plus à moi, ni à vous !...

Il avait l'air d'un animal traqué par les chasseurs. Était-il sincère ? Cédait-il à ce brusque orage sans arrière-pensée ? Ou bien, selon la politique sournoise de toute sa vie, feignait-il de se soumettre pour tâcher de reprendre bientôt l'avantage ? Rien ne permettait de le deviner à travers ses paroles maladroites. Henriette se mit à sangloter, et M. de Praslin chercha à la consoler en lui parlant en désordre, au milieu de frémissements de colère, de ses propres ennuis, de la rente de quinze cents francs qui lui serait accordée et de l'impossibilité où il se trouvait de l'emmener maintenant à Vaux-le-Vicomte.

Une telle scène se renouvela plusieurs fois durant ces deux jours, où Maître Riant fit aussi lui-même une nouvelle et pressante démarche. L'institutrice, si longtemps maîtresse, dut s'incliner. Le soir du 18 juin, incapable d'aller porter en personne sa démission à madame de Praslin, elle lui écrivait :

Madame la Duchesse,

J'aurais voulu vous exprimer de vive voix les sentiments qui m'animent, mais je sens que, dans les circonstances présentes, ce serait une tâche au-dessus de mes forces. Permettez-moi de remettre à une époque plus calme et plus heureuse les remerciements que j'ai besoin de vous adresser moi-même pour la générosité avec laquelle vous remerciez mes faibles services. Au moment de quitter des enfants auxquels j'avais voué la plus vive tendresse, je trouve dans le témoignage de votre satisfaction une puissante consolation.

J'accepte avec reconnaissance les offres de recommandation que vous voulez bien me faire, et je m'empresserai, madame, d'y avoir recours aussitôt que les circonstances le rendront opportun pour moi. La santé de mon grand-père, très chancelante depuis plusieurs mois, me fait un devoir de me rapprocher de lui en ce moment.

Je vous demanderai la permission de vous mettre plus tard au courant des démarches que je croirai devoir faire, et je vous prie, madame, de vouloir bien agréer l'assurance de mon profond respect.

H. DELUZY.

La bataille était gagnée. L'altière Vasthi descendait du trône. Dès le lendemain, 19 juin, la Duchesse répondait avec sa noblesse de ton accoutumée :

Mademoiselle,

Je regrette vivement que vous soyez souffrante, et que, dans cet état, vous ayez pris la fatigue de m'écrire pour une chose que vos soins pour mes enfants ont rendue si naturelle. Si des circonstances graves pour leurs intérêts ont précipité un événement que je regardais, il y a peu de jours encore, comme devant être assez éloigné, ne doutez pas que je n'en cherche avec plus de zèle à saisir toutes les occasions de vous être utile, et que je serai heureuse que vous m'en indiquiez les moyens.

J'ai entendu dire que vous vouliez aller voir lady Hislop. Dans ce cas, je vous offrirais une lettre pour lady Tancarville, qui s'efforcera, j'en suis certaine, de seconder lady Hislop dans toutes ses démarches, pour faire réussir vos projets. S'il vous était agréable aussi d'avoir des lettres pour madame de Flahaut et miss Elphinston, disposez entièrement de moi.

Je me suis rappelé que vous m'avez demandé de vous prêter un livre en arrivant à Praslin ; j'espère que vous ne me refuserez pas d'accepter ce petit souvenir que j'aurai grand plaisir à vous offrir.

Je tiens à répéter, mademoiselle, que je saisirai avec empressement toutes les occasions qui se présenteront, et celles que vous voudrez bien m'offrir de vous être utile en toutes circonstances.

S.-PRASLIN.

Cependant la situation demeurait difficile. Le Duc, s'étant heurté à l'impossibilité d'emmener Henriette au château de Vaux, reculait tant qu'il le pouvait le départ en vacances. La Duchesse, pour ne pas faiblir, déclara qu'elle s'enfermerait chez elle jusqu'à ce que l'institutrice eût disparu. Son mari lui ayant demandé d'assister aux repas comme si rien ne s'était passé :

— Non, répondit-elle ; je serais trop embarrassée vis-à-vis de mademoiselle Deluzy ; je préfère ne la voir qu'au moment où elle sortira de la maison.

Il n'y avait là, d'ailleurs, aucune manifestation de haine : quelques jours après, elle rencontrait par hasard la gouvernante dans l'antichambre, et la saluait avec la plus sereine bienveillance.

Du côté d'Henriette, les sentiments étaient loin d'être les mêmes. Quand elle avait été forcée de céder, les domestiques prétendirent qu'elle avait murmuré entre ses dents : « Elle me le paiera cher ! » En tout cas, bien loin de renoncer de bonne grâce à l'empire qu'elle avait exercé sur le père et les filles, elle leur montrait son chagrin violent de les quitter, elle se plaignait amèrement de leur abandon.

Ces récriminations bouleversaient le Duc. Soucieux, ennuyé, irritable, il avait rompu toutes relations avec le Maréchal ; c'est à peine si ses intimes osaient l'aborder. Dans ses scènes presque quotidiennes avec la Duchesse, il ne cessait de crier à la calomnie, tout en avouant que les apparences lui étaient contraires, et que, constamment, il donnât matière aux interprétations les plus scandaleuses. En lui couvait une sourde colère, que nourrissaient des rapports perfides. Dans ce cœur, desséché par la dé-bauche, aigri par les déceptions de toute sorte, incapable de s'élever à une idée généreuse, les projets les plus irréalisables se succédaient, pour essayer de ne pas renoncer à son caprice. Un matin, entrant par hasard dans la chambre de l'institutrice dont elle connaissait tous les mystères, Joséphine la surprit dans les bras de Théobald. Parviendrait-on jamais à les séparer?

Madame de Praslin, sans vouloir céder, s'épouvantait du drame intime qui se déroulait auprès d'elle. Elle en notait les phases avec effroi. Le 13 juillet, elle écrivait sur son cahier :

...Il sera toujours mal pour moi maintenant, il sent trop bien l'étendue de ses torts ; il est rancuneux et ne saurait comprendre que je puisse pardonner et oublier. Mon mérite ne serait pas si grand qu'il croit ; je ne puis être jalouse que lorsque j'aime, et puis je pardonne facilement, et depuis que mes sentiments sont changés, je ne lui en veux plus qu'en raison du tort qu'il fait à mes enfants..

... Comment tout cela finira-t-il ? Je ne crois pas

que ce soit jamais par une complète réconciliation comme ce serait désirable pour nos enfants. Il me fuira toujours parce qu'il se sent des torts, et moi, je ne le chercherai guère et que par devoir pour mes enfants. Un sentiment de pudeur m'empêchera toujours de faire des avances à un homme, même mon mari, lorsque je doute de mon amour pour lui, et que je sens que d'autres idées, tant d'années comprimées, me pousseraient plus vite que mon cœur dans ses bras...

Et la page, si lourde de passion déçue, s'achevait par ce cri de prière et d'amour où madame de Praslin vibrait tout entière :

Mon Dieu ! Vous seul savez ce que j'ai souffert de privations du cœur et de tous genres ; si je n'ai pas succombé aux tentations, gloire à Vous, Seigneur ! Vous êtes mon appui, ma force. Oh ! ne m'abandonnez pas maintenant, car sans Vous je succomberais. Mon Dieu! Mon Dieu! Soutenez-moi, dirigez-moi, j'ai peur de l'avenir, des menaces qu'il m'a faites, des difficultés qui s'élèveront tous les jours; mais vous serez là, mon Dieu, et, j'en ai la confiance, vous soutiendrez la pauvre mère à qui vous avez donné la force de lutter pour ses enfants. Seigneur, secourez-moi !...

C'était son appel suprême. Elle le scella d'un cachet de cire noire, avec tous ses autres papiers, et y mit cette suscription : *Pour remettre à mon mari après ma mort.* Elle savait bien qu'elle était condamnée. Il y a des regards qui ne trompent pas.

Cinq jours après, cependant, le dimanche

18 juillet, Henriette quittait la maison, tandis que toute la famille s'embarquait enfin pour Vaux. La chaîne rivée depuis six ans était rompue.

En apparence tout au moins. Mais mademoiselle Deluzy n'était pas femme à accepter condamnation et à se laisser oublier. Elle n'était nullement disposée à repartir pour l'Angleterre. Elle se retira rue du Harlay, n° 9, chez la belle-mère de Louis Ulbach, une certaine madame Closter-Lemaire qui tenait une pension de jeunes demoiselles. Là, elle s'abandonna à une crise de désespoir. Elle possédait une fiole de laudanum, elle en but. Mais on avait aperçu son geste. On s'empressa autour d'elle, on la ramena à la vie.

Tout l'écrasait. Son départ avait nettement pris l'allure d'un renvoi, et chacun chuchotait à sa manière. Beaucoup la prétendaient enceinte. Pour la sauver, ses seuls amis, M. Rémy, professeur de littérature et sa femme, entreprirent de la marier au lieutenant-colonel Bisson...

Pouvait-elle se résigner si vite ? Avec toute l'ardeur de sa nature, elle ne pensait qu'à rentrer dans la maison de Praslin. Elle écrivit à Louise et à Berthe des lettres trempées de larmes. Elle leur disait qu'elle ne pouvait plus vivre, qu'elle se trouvait en face de la misère... Elle était une pauvre enfant abandon-

née, sans autre appui qu'un vieux grand-père
fort dur, qui la menaçait encore de la priver du
peu qu'il lui donnait... Elle était effrayée de l'a-
venir, car elle n'avait plus qu'une ressource :
un mariage qui lui semblait odieux :

J'écris à votre père pour lui offrir ce sacrifice. Oui,
mes anges chéris, ce sacrifice. Car je suis peu propre
au mariage et celui-ci me répugne au dernier point.
Mais sa précipitation est notre sauvegarde. Je vous
aurai quittées pour me marier. Leur but sera manqué.
Il n'y aura pas d'esclandre. Mais, comprenez-moi
bien, pour moi je refuserais. Il n'y a pas ici de fausse
générosité. Ainsi, dans le conseil que vous tiendrez,
comprenez bien ma position. Rentrée dans la vie
obscure, le scandale versé sur moi ne m'atteindra
bientôt plus. Je vivrai d'une manière calme et honorable, si ce n'est heureuse, mais vous, mes filles
chéries, si l'on vous croit élevées par une femme sans
principes, ne porterez-vous point, pour vos mariages,
la peine de cette terrible accusation ? Nos rapports ne
seront-ils pas sans cesse entravés par les efforts que
l'on fera pour leur donner quelque chose de clandestin et de caché ? J'ai déjà quitté la maison en coupable, me laissera-t-on jamais y rentrer la tête levée,
comme il le faudrait, pour votre honneur et pour
le mien ? Je vais développer toutes ces raisons à votre
père : vous jugerez : je suis à vous. Demandez-moi de
faire d'abord et avant tout ce qui vous convient. S'il
faut partir, mon cœur restera parmi vous, et j'achè-
terai par un supplice de quelques années le bonheur
d'être à mon retour votre mère et votre amie, à la
face du monde entier.

C'est ainsi que, pour achever de bouleverser le malheureux qui, depuis six ans, vit sous son influence, elle lui écrit, à lui aussi, des lettres que ses partisans, plus tard, jugeront innocentes, mais où frémit une intense passion.

Elle semble le faire juge du problème qui se pose pour elle. Sa plume agite devant lui les images qui exaspèrent la jalousie de l'homme :

Mon ami ! Oh ! plus que mon ami, ma providence en ce monde ! Comprenez-vous bien ce qui se passe en mon âme ? Comprenez-vous mes regrets, mon désespoir ? Mon malheur est complété par la conviction que vous souffrez autant que moi ! Vous ! Vous si bon, si généreux ! Vous êtes malheureux, vous pleurez dans cette chambre où tant d'heures heureuses se sont écoulées ! Et moi je suis ici, impuissante pour votre bonheur, impuissante à vous consoler. Je demandais à Dieu, cette nuit, dans les élans de ma reconnaissance, de ma tendresse pour vous, de me mettre à même de me sacrifier pour votre bonheur. A-t-il voulu m'exaucer ? Si dans votre conscience de père vous croyez qu'un mariage honorable fasse du bien aux enfants, dites-le.

Et comme le Duc, toujours tremblant, inquiet, se contente de répondre avec la platitude qui constitue le fond de son caractère : « L'important pour nous tous, en ce moment, est que vous vous portiez bien. Plus tard, croyez-moi, des jours heureux viendront pour vous. Il est impossible qu'une suite de calomnies, si basses et si viles, ne finissent pas par tomber devant l'évidence... » elle rompt ce projet de mariage qui n'a jamais été sérieux que dans son imagination, et elle lui écrit encore :

J'ai dit *non* sans attendre une nouvelle lettre de vous. J'ai un poids de cent livres de moins sur le cœur. Au moins, si je dois mourir de douleur, je mourrai près de vous, je mourrai ce que j'ai vécu, entièrement à vous. Je voulais ce mariage comme une sorte de suicide, et je suis si accablée par tout le monde, si malheureuse... Jamais, jamais je ne m'habituerai à la vie que je mène. C'est une mort à coups d'épingle. Vous dire les mille et un supplices de chaque jour, c'est impossible, mais je vous promets de combattre le mal qui m'envahit de tous côtés. Il serait si doux de mourir pour vous. Je fais tous mes efforts pour vivre. Quel changement ! Quel affreux changement ! Mais vous êtes ensemble à Praslin, à Praslin, ce paradis de ma vie, là où se sont écoulés mes plus beaux jours, et seule je pleure dans cette triste chambre. Les paroles que je dis ne sont plus l'écho de mon cœur. La solitude, ou des indifférents pires que la solitude, voilà mon partage. Pardonnez-moi mon incohérence, mon griffonnage...

Chose plus grave, à côté de ces lamentations, Henriette, ulcérée, n'abandonnait pas le rôle dont elle avait pris la triste habitude et qui consistait à dénigrer Mme de Praslin dans l'esprit de ses enfants. Faisant état des plaintes que la Duchesse avait eu la faiblesse d'écrire secrètement à ses jeunes fils, plaintes que ceux-ci avaient rapportées à leur père, elle s'écriait assez hypocritement, le 28 juillet, dans une lettre adressée à Louise :

Quelles horreurs ! Deux êtres si jeunes déjà pervertis par cette affreuse influence ! Mon enfant chérie, redoublez d'amour pour votre père.

De tels coups portaient juste. Ils continuaient une campagne de dénigrement, savamment menée, qui avait eu raison peu à peu d'âmes innocentes, et à laquelle nous aurions tort de nous laisser prendre aujourd'hui. Louise, avec naïveté, répondait le lendemain :

Quelles horreurs j'ai apprises hier ! Ces correspondances secrètes, cette corruption de ses fils, c'est le comble de tout.

On devine si, avec de pareilles lettres, la Duchesse arrivait, même après le départ de sa rivale, à reprendre sa place au foyer. Les jeunes filles fuyaient leur mère. Quand celle-ci gravissait l'escalier pour les voir, elles s'enfermaient dans leur chambre et ne répondaient pas. Madame de Praslin, lasse et tremblante, pénétrait à côté chez la fidèle Joséphine.

— La chambre de mes filles est fermée. Y sont-elles ?

— Oui, madame la Duchesse.

— Crois-tu, Joséphine, qu'elles reviendront à moi ?

Et la pauvre Louise écrivait à sa chère institutrice combien cette vie lui était pénible, combien elle se sentait tiraillée entre ce qu'on lui avait rapporté de sa mère et les tendres protestations de celle-ci.

Aussi, rien n'égale la tristesse de Notre-Dame de Praslin, en ce moment où elle aurait dû triompher. Le Maréchal, après s'être assuré du départ d'Henriette, se préparait à partir pour la Corse. Avec son caractère un peu simpliste, il était convaincu que, l'institutrice écartée, tout finirait par s'arranger. A la fête de la Saint-Ambroise, à Melun, la Duchesse s'était promenée ostensiblement, appuyant sa lourde masse fatiguée au bras de son mari, et cette réconciliation publique l'avait comblée de joie. Mais sa fille ne se leurrait pas de semblables apparences, trop en harmonie avec la conduite tortueuse de M. de Praslin. « Il a toujours l'air d'être prêt à dire quelque chose qu'il ne dit pas », remarquait son collègue à la Chambre des Pairs, M. le vicomte Hugo. En face de lui, Fanny se sentait glacée, envahie par les plus sombres pressentiments.

Ce jour-là, elle se promenait dans le parc, soutenue par Joséphine. Le Duc vint l'accoster. Il avait l'air fort affairé par les grandioses réparations du château.

— On travaille à l'achèvement des caveaux funéraires, lui dit-il. Voulez-vous les visiter ?

— Non. Je vous remercie, Théobald.

— Pourquoi non ? Vous verrez la superbe construction que j'y ai fait exécuter...

Et, comme il insistait, elle le considéra d'un long regard découragé, plein d'une lassitude infinie :

— A quoi bon ? murmura-t-elle. N'y descendrai-je pas bientôt, et pour jamais ?

Il haussa légèrement les épaules, et s'en alla. Une lugubre mélancolie planait sur ce parc royal, tout resplendissant de la gloire de l'été, tandis que Notre-Dame de Praslin, hantée de funèbres présages, reprenait sa lente promenade.

Au fond, une seule pensée travaillait encore le Duc : revoir Henriette. Il lui était d'autant plus facile de la réaliser que ses enfants étaient ses complices.

Dès le 26 juillet — huit jours à peine après le départ de la gouvernante — il s'est rendu à Paris avec Marie et Berthe. Les petites, surexcitées par le renvoi de leur maîtresse, se sont jetées en pleurant à son cou. Quant à leur père, il ne dit pas grand'chose. Il se contente, en partant, de glisser un billet dans la main d'Henriette pour lui fixer un rendez-vous. Ils se revoient en particulier pendant trois jours. Ils échangent leurs regrets, leurs craintes, leurs espérances.

Quand il est parti, le 29, elle essaie de se rapprocher de son grand-père. Elle va le trouver à Bellevue où il s'est installé. Le vieux Desportes, qu'elle avait d'ailleurs assez oublié durant le temps de son bonheur, la reçoit avec une ironique amertume :

— Ah ! ah ! lui disait-il d'une voix sèche, en

tapotant sa tabatière, où sont donc tes grandeurs ? Tu es venue en équipage ?

— Vous savez bien que je suis chez madame Lemaire, répondit-elle.

— Oui. Tu dois bien t'y trouver à l'étroit. As-tu, du moins, un parc pour te promener ?

Et comme elle le suppliait de lui donner quarante mille francs qui lui permettraient soit de se marier, soit de prendre la direction d'une pension, il cessait de sourire :

— Ta vie est impossible à Paris maintenant, déclarait-il. Tu n'as qu'une chose à faire : partir pour la Russie, et travailler comme si je ne devais rien te donner, car il n'y a de sûr en ce monde que ce que l'on doit à son travail.

Elle rentre désespérée. Et elle écrit, elle écrit toujours. C'est inconcevable comme les femmes de ce temps-là étaient épistolières !

Je ne puis rien pour vous, mais je meurs pour vous. Ce matin, je me suis levée si pâle, si hagarde, que je me fais peur. Si, cet hiver, je ne trouve pas un mariage à peu près convenable, je m'enfuis me cacher dans quelque coin. Je ne pourrais supporter une seconde année de cette humiliante dépendance dans le caprice d'un tas de gens imbéciles et peureux par crainte pour vous et pour moi.

... Ah! ils m'ont tuée, allez ! Vous chercherez en vain celle que vous avez connue si gaie, si heureuse. Chaque coup que l'on frappe charge mon cœur d'un poids qui m'étouffera. Mes yeux ne peuvent plus verser de larmes, et mon sang bat dans mes tempes

à me rendre folle. Que le repos, l'oubli de tout me
serait doux, car le souvenir du bonheur tue, quand
on sent que le bonheur se perd sans retour. Sans
vous, sans la pensée du chagrin que je vous ferais, je
n'aurais pas la force de vivre... Mais je pense que,
de votre côté, vous n'avez que chagrins et inquiétude. Je vous ai vu pleurer ! A ce souvenir, je retrouve des larmes pleines d'amertume, car nous n'y
pouvons rien. Bons, honnêtes, loyaux, nous ne pouvons rien contre cette destinée qui nous accable...

De pareils appels ne laissaient pas le Duc in-
sensible. Visiblement, ils le poussaient aux pires
résolutions. Le 2 août, sous le prétexte de faire
soigner Berthe et Raynald par un dentiste, il les
envoya avec Euphémie chez Mme Lemaire, où
Henriette les reçut avec transport et se chargea de
les accompagner chez l'expert M. Toirac, rue
du Mail. Le Duc vint les y rejoindre. Ils sortirent
tous ensemble, se promenèrent longuement dans
le jardin du Luxembourg. Il ne parlait pas beaucoup. Il la dévorait des yeux. Il sentait combien
cette femme était nécessaire à sa vie, combien
ses jours loin d'elle lui semblaient plus odieux
encore.

La Duchesse apprit cette visite nouvelle. Elle
essaya de parer le coup. Puisque sa rivale ne
voulait pas encore gagner l'Angleterre, c'est elle
qui éloignerait les siens davantage. Elle demanda, pour ses enfants et pour elle-même, une
saison de bains de mer à Dieppe.

Mademoiselle Deluzy, aussitôt avertie, devina

la manœuvre. Elle essaya de la rendre inefficace en évoquant devant Louise quelques épisodes de naguère :

Rappelez-vous Dieppe, les scènes, les horreurs de ces quinze jours. Tâchez d'y aller, mais sans elle, car, excitée par la mer, par l'oisiveté, elle sera furieuse. Si vous allez dans un endroit où il y aura du monde, vous serez la fable de toute la société. On l'excitera pour s'amuser de ses rages, et si l'on vous rend justice en vous voyant opprimée et pleine de douceur, qui voudra d'une telle belle-mère ? Il est certain qu'elle a un plan. Elle veut vous pousser à bout pour quelque mariage. Pauvre Louise ! Du courage, mon enfant chérie... Quelque mal qui vous entoure, croyez au bien. Oh ! si vous saviez comme je redoute pour vous, dont le jugement n'est pas formé, l'influence de toutes ces turpitudes...

Il fallut se décider pourtant. Le 10 août, le Duc revint rue du Harlay. Il ne monta pas, et fit prévenir simplement l'institutrice qu'il était là.

— Je ne suis pas dans un costume décent pour me présenter chez madame Lemaire, dit-il à la concierge. D'ailleurs, je tiens à lui faire ma première visite avec mes filles.

Quand Henriette descendit, il lui demanda de l'accompagner dans ses courses, notamment chez M. Rémy.

— J'ai un panier de fruits à lui porter de la part de Louise, lui expliqua-t-il à haute voix. Voulez-vous venir avec moi ?

Elle monta dans le fiacre, refuge suprême des amoureux aux abois. Il lui annonça leur prochain départ pour Dieppe. Elle éclata en sanglots. Il sentit croître sa haine, l'horreur physique qu'il éprouvait depuis longtemps pour la Duchesse. Jusqu'à quand serait-il esclave ?

Et comme Henriette pleurait toujours, il s'efforça de la consoler.

— Ah ! gémissait-elle, vous ne savez rien encore... Ma situation empire chaque jour. Les affreuses calomnies répandues contre moi sont parvenues jusqu'aux oreilles de madame Lemaire. Alors, celle-ci, pour me donner, dit-elle, une place supérieure dans la maison, — qui sait? pour me garder peut-être même — exige un certificat nouveau. Il faudrait que la Duchesse m'écrivît une lettre ostensible pour démentir les bruits qui ont couru sur mon compte... Si elle refuse, que vais-je devenir ?

M. de Praslin hochait la tête. Voilà bien d'autres difficultés ! Jamais sa femme ne rédigerait un tel *satisfecit* qui assurerait l'existence de son ennemie dans Paris, alors qu'elle brûlait de la savoir en Angleterre ! Cependant, il ne voulut pas tout de suite détromper Henriette.

— Je viendrai la semaine prochaine voir madame Lemaire, déclara-t-il.

Désormais, chaque jour, il fut harcelé de lettres. C'était probablement son destin.

Je suis malade, écrit mademoiselle Deluzy. Je ne

dors pas et je maigris tous les jours. Je vais bien me soigner pour ne pas vous paraître à tous trop laide et trop triste. Comme je vais compter les heures et les jours ! Il y aura un long mois que nous ne nous serons trouvés réunis. Je suis heureuse de voir que votre vie est plus calme, qu'il n'y a plus de scènes. Peu à peu, j'en suis sûre, vous allez vous arranger une existence plus agréable. Ah ! que je ne vous manque pas au point de vous rendre malheureux, mais ne m'oubliez jamais ! N'oubliez jamais les jours heureux que nous avons passés ensemble !

Et le lendemain :

Que le monde est une stupide chose ! Je n'ai ni affaires ni obligations d'aucun genre ici. Tout en moi aspire vers la solitude, le repos de la campagne. Je me guérirais de corps et d'esprit, si je pouvais passer quelques semaines dans un beau pays, travaillant, pensant à vous, respirant cet air pur dont je rêve, et dont je sens qu'il me faut impérieusement pour vivre. Eh bien, il me faut, au lieu de cela, pour rien, sans aucun devoir que l'opinion de ce monde méprisable, que je reste ici, que je meure lentement dans cette étouffante prison. Ceux que j'aime, ceux auxquels je suis si chère, ont de splendides demeures et ils ne peuvent me dire : « Viens sous ces ombrages qui sont à nous, viens jouir de nos belles fleurs, de nos belles nuits étoilées. » Hier soir, à minuit, ne pouvant dormir, je cherchais un peu d'air dans cette cour sans horizon. Mais pas un souffle ne rafraîchissait mon front. Les fétides émanations des rues viciaient l'air autour de moi. Je pensais aux parterres de Praslin, à ce bassin si frais qui réfléchissait dans ce moment les mille et mille étoiles que nous admirions tant. Quelle belle nuit ! Quel calme et ravissant coup d'œil de ma petite chambre ! Qu'il ferait bon d'être là, rêvant à quelques pas de ceux que j'aime, sûre de les voir demain, d'entendre leurs voix chéries. Au lieu de cela, le jour se sera écoulé sans elles, dans cette triste et froide solitude ! Le soir, je me dirai avec joie : « Encore un jour que je n'ai plus à vivre ! »

C'est dans cette atmosphère surchauffée que s'enfuirent ces derniers jours. Le Duc, tiraillé de tous les côtés, sans un instant de répit, s'abandonnait aux projets les plus divers, aux démarches les plus étranges. Tantôt il se disposait à partir pour Dieppe, avec l'arrière-pensée de revenir prochainement, pour la session du Conseil Général, qui lui permettrait de longues stations à Paris, auprès de son exigeante bien-aimée ; tantôt il allait à l'hôtel Sébastiani ; il s'enfermait dans la chambre de sa femme, et là, patiemment, il détachait la targette de la porte qui s'ouvrait au chevet du lit — pour faciliter quelle irruption soudaine ? — ou bien il enlevait les écrous qui soutenaient le ciel de lit, énorme baldaquin surchargé d'ornements et d'écussons... Il les remplaçait par de la cire. Il dévissait à moitié les derniers. Au moindre mouvement un peu vif, la masse croulerait lourdement sur celle qui viendrait se coucher là... Tantôt encore, il prenait à Vaux et il la préparait pour l'emporter, une assez grande quantité d'arsenic destiné à la mortaux-rats, ou bien un lacet solide qu'il ficelait autour de ses reins.

Dans sa cervelle obtuse, une seule pensée maintenant : tant que sa femme vivrait, il serait séparé d'Henriette, — et Henriette en mourrait. Alors, il ne sait plus. Il ne lui reste qu'un affreux espoir... Un accident... Une mort fortuite, sournoisement préparée, une mort qui leur rendra la liberté, car nul n'est-ce pas ? n'oserait soupçonner un noble Pair.

Sur les instigations de celle qu'il aime avec plus de frénésie, surtout depuis qu'il en est éloigné, il cherche à se débarrasser de ceux qu'il soupçonne le plus fidèles à la Duchesse.

Le 17 août, au matin du départ, il appela Joséphine et lui signifia son congé.

Celle-ci, belle Normande de vingt-cinq ans, le regarda sans trouble et lui demanda les motifs de ce renvoi.

— C'est une réforme générale que je fais, répondit-il.

Joséphine se redressa :

— Est-ce pour me remercier d'avoir été discrète que monsieur le Duc me met à la porte ?

Mais il se taisait comme toujours. Elle sortit en pleurant, et alla trouver la bonne Duchesse.

— Je le savais, soupira celle-ci. Mais tranquillise-toi. Je chercherai tous les moyens de te bien placer. Je vais te donner une lettre de recommandation pour la marquise de Leyrolle.

Et, incontinent, elle lui fabriqua un magnifique certificat sur une feuille à ses armoiries.

Cependant on se préparait au voyage. Toute la maisonnée monta en voiture vers la fin de l'après-midi : la Duchesse dans sa petite voiture anglaise conduite par le cocher Benjamin, le Duc dans un breack avec les enfants, Auguste dans la carriole avec les femmes de chambre. La charrette anglaise fila jusqu'à Corbeil ; le reste de la caravane se dirigea sur Melun, où une diligence acheva de la transporter jusqu'au chemin de fer. A huit heures et demie du soir, le train les déposa au débarcadère du boulevard de l'Hôpital.

La canicule étouffait Paris. Le chef de gare vint respectueusement saluer M. de Praslin, qui tenait par la main Raynald et Léontine. Paisible famille en vacances ! On s'entassa dans trois fiacres : la Duchesse avec ses fils aînés et leur précepteur dans le premier, son mari dans le second avec Louise, Berthe et Raynald, les domestiques dans le troisième. On roula vers le faubourg Saint-Honoré.

Allait-on se contenter de prendre des dispositions pour la suite du voyage, et se hâter de se reposer ? Non, car la même idée fixe, toujours plus lancinante, tourmente le Duc. Il est sur le pavé de Paris. Il ne songe qu'à cette rue du Harlay où Henriette doit l'attendre avec angoisse. Le fiacre change de direction, gagne la pension Lemaire. M. de Praslin est couvert : ses enfants l'accompagnent, et apportent des fruits et des fleurs à leur ancienne institutrice.

Henriette descend au parloir. Les fillettes se jettent à son cou. Quelle pâleur ! Comme elle est changée ! Elle avoue, avec mille réticences, que, dans l'après-midi, elle s'est trouvée mal, rue Saint-Jacques... Mais ce n'est rien : ce qui la préoccupe, c'est l'entrevue nécessaire, urgente, de son protecteur avec sa directrice.

Cette entrevue, qu'il semble fuir depuis une semaine, il faut bien qu'elle ait lieu pourtant ! Son avenir, à elle, son maintien à Paris, où vit tout son espoir, en dépendent impérieusement. Ici, c'est la dernière impasse où le Duc va se trouver acculé.

... Il a vu madame Lemaire. Elle persiste dans ses exigences. Elle a été manœuvrée par la Duchesse ou ses amis. Elle réclame des choses impossibles : que madame de Praslin consente, en somme, à ce qu'elle ne veut à aucun prix, que, par un certificat solennel et menteur, elle fixe pour toujours sa rivale à Paris ! C'est absurde. Cela, il ne l'obtiendra jamais.

Pourtant, il ne proteste pas. Il ne crie point. Il se tait. Il louvoie comme à l'ordinaire. Son œil faux regarde ailleurs. Qui sait si, en ce moment, un lourd baldaquin ne tombe pas, comme par hasard, écrasant l'ennemie de son bonheur ? Il joue au diplomate. Il faut donner le change.

— Venez demain, à deux heures, à l'hôtel, dit-il à Henriette. Vous ferez une visite de déférence à la Duchesse et vous lui parlerez vous-même de la chose.

Et comme elle s'inquiète, se lamente et pleure :

— Je ne puis vous promettre davantage. Que voulez-vous ? avoue-t-il. J'en suis contrarié pour vous. Je joue un fâcheux rôle dans cette affaire...

Dix heures sonnent. Les enfants embrassent encore leur grande amie.

— A demain ! A demain ! se dit-on.

Et l'on se quitte pour toujours.

Cependant Fanny de Praslin, dans sa belle chambre aux somptueuses tentures de damas, n'avait pu apprendre sans amertume la nouvelle escapade de son mari. Elle n'en doutait pas, il était revenu chez « Elle ». Elle veillerait donc pour attendre son retour, pour être bien sûre que tous ses enfants, au moins, seraient rentrés et couchés dans leur appartement. Elle appela Euphémie.

— Je n'ai presque rien pris avant de partir, dit-elle. Ne pourriez-vous pas me faire servir à dîner ?

La femme de charge parut gênée :

— Mon Dieu, Madame, on ne s'attendait pas... Monsieur le Duc a donné congé aux domestiques pour ce soir... Alors le cuisinier est sorti avec eux.

La Duchesse n'eut garde de se plaindre.

— Hé bien, ma bonne Euphémie, donnez-moi tout simplement un peu de pain.

Bientôt voici Emma qui apporte le pain avec un couteau, et aussi du sel dans une assiette.

— Ah ! murmura Fanny avec un mélancolique sourire, vous vous rappelez mes goûts d'enfant... Un peu de pain et de sel... J'aimais beaucoup à déjeuner ainsi... Cela me rappelle des moments bien heureux.

Tandis qu'elle achevait son frugal repas, la femme de charge se retirait après avoir clos la haute fenêtre qui donnait sur les jardins. La Duchesse se coucha, se mit à lire. Pas très longtemps, car on entendit vers onze heures le roulement d'un fiacre. C'était le Duc qui rentrait et ramenait ses filles à leur appartement du second étage.

— Vous n'avez pas besoin de vous lever de bonne heure demain. Reposez-vous. Nous partons en voyage. La journée sera fatigante.

Un bref bonsoir. Les portes se referment. Il redescend lentement. L'hôtel est calme. Le baldaquin tient toujours. Il gagne sa chambre, tandis que, dans la salle à manger, sur le lit de sangle du valet Maxime, le commissionnaire Jacques vient s'installer, comme toutes les nuits, pour garder l'hôtel.

Le Duc a gravi les quatre marches qui mènent chez lui. Il s'enferme. Il chausse des pantoufles de Strasbourg, coiffe une calotte grecque en drap brun. Il attend. La glace lui renvoie son image, extrêmement pâle, convulsée d'inquiétude. Il attend. Rien ne se produit. Il ouvre sa porte. Il écoute. Mais les heures succèdent paisiblement aux heures dans la torpeur de cette nuit d'août. Il se couche. Il essaie de dormir.

Le lit, l'obscurité, la chaleur, au lieu de le calmer, décuplent sa surexcitation nerveuse. Rien. Toujours rien. Elle a dû se coucher pourtant maintenant, ébranler de sa masse pesante le baldaquin à peine suspendu. Ah ! mauvais ouvrier qu'un gentilhomme ! Mais alors... A quoi auront servi tant de préparatifs minutieux, la porte du cabinet de toilette si facile à ouvrir, et l'arsenic, et le lacet, et ces armes qui ne le quittent jamais, et toutes ces précautions, les domestiques congédiés, ce passage d'une nuit à Paris, presque incognito, qui permet toutes les hypothèses ?... Son esprit s'égare... Son sang bouillonne. Il imagine Henriette, chassée de chez madame Lemaire, repoussée par le vieux Desportes, franchissant le détroit pour ne plus revenir. Il se voit lié à jamais à la femme qui a triomphé de lui, qui lui impose sa domination tatillonne, passionnée, perpétuellement inquiète et versatile. Ses longs silences ont accumulé en lui des réserves de haine. Comme tous les sensuels violents, il a soudain des sursauts de fureur bestiale, des désirs féroces qui remontent du plus obscur de son être, et auxquels il sait d'avance qu'il ne pourra pas résister. Le gouffre est là. Tant pis ! On s'y précipite. Il n'est rien de tel qu'un faible et un timide pour prendre des résolutions désespérées.

La brève nuit d'été s'achève. Tout à l'heure, c'est la catastrophe : la Duchesse, une fois de plus congédiant Henriette, réclamant son exil, et l'entraînant à Dieppe, lui, loin de son amie définitivement condamnée. Il entend une horloge tinter trois coups. Décidément, pourquoi essayer de dormir comme un impuissant et un vaincu ? Il se relève, s'habille, enfile son pantalon à grosses raies noires et bleues, son gilet de percale blanche, sa longue redingote grise. Il entoure son cou d'un foulard.

Et puis après ? Le voilà qui s'agite comme un fauve dans sa cage. Il attend, il espère encore. Il ne sait plus. Il ouvre des tiroirs avec les mouvements secs d'un automate, bouscule des objets, en saisit deux presque au hasard. Il ouvre sa porte. Le jour, le terrible jour va venir... Un coq enroué, quelque part, l'appelle déjà...

Alors, on entend un léger bruit dans le vestibule : c'est Jacques qui a fini sa veille, ramasse ses couvertures et s'en va. Il referme la porte de la cour d'honneur. Le Duc, de ses prunelles dilatées, regarde dans l'antichambre. Partout, dans l'anxiété du matin, c'est le vide et le silence.

DEUXIÈME PARTIE

LE DRAME

CHAPITRE PREMIER

COUPS DE SONNETTE A L'AURORE

Quatre heures et demie du matin. Deux violents coups de sonnette éveillent Emma en sursaut à l'entresol. Elle allume une bougie, se vêt à la hâte d'une robe qu'elle agrafe en se précipitant dans l'escalier. C'est madame la Duchesse qui appelle. Qu'y a-t-il donc ?

Du vestibule, on entend dans sa chambre un singulier remue-ménage. Des cris rauques et étouffés. Des bruits sourds. La servante s'arrête, interdite. Heureusement, voici du renfort. Auguste a entendu, lui aussi, la sonnette affolée. Il gravit le perron. Il arrive. Les deux domestiques se précipitent vers l'antichambre : mais la porte en est fermée. Ils essaient en vain de l'ébranler. Non seulement on a donné un tour de clé, mais, intérieurement, on a poussé le verrou. Et toujours ces râles, ces chocs mats, cette sensation d'une course épouvantée.

Ils se regardent. Une même pensée leur vient :

— Par le grand salon !

Ils reviennent sur leurs pas, ils traversent la vaste pièce centrale, si gaie et si ensoleillée pendant le jour, si mystérieuse et si lugubre pendant la nuit. La haute porte à deux battants qui communique avec la chambre de la Duchesse est verrouillée, elle aussi. Ils frappent sans obtenir de réponse :

— Madame ! Madame ! appellent-ils.

Silence. Quelques gémissements étouffés. Ils ont un frisson terrible.

Ils descendent alors dans le jardin, où l'aube grisâtre s'annonce. A l'une des fenêtres, ils croient un instant apercevoir une ombre, une silhouette qui s'efface et referme vivement. Auguste bondit de ce côté. Il grimpe jusqu'à la croisée, essaie de la rouvrir. Trop tard. Les volets sont assujettis par de fortes barres de fer.

Les deux serviteurs continuent à tourner autour du bâtiment. Il y a un escalier de bois qui remonte de ce côté jusqu'à l'antichambre. La porte cède. Ils rentrent par là, et comme le cabinet de toilette est ouvert, Auguste y pénètre, tandis qu'Emma, glacée d'horreur, reste sur le seuil.

Il s'avance en tâtonnant jusqu'à la chambre de la Duchesse. Là, une obscurité profonde, une affreuse odeur de sang. La terreur le saisit à son tour. Il est sans armes. Il recule, entraînant sa compagne, et s'élance pour donner l'alarme.

Les voici qui frappent à la porte de la bonne Euphémie et de son mari, Nicolas Merville, valet de chambre de la duchesse d'Orléans.

— Il est arrivé un malheur, disent-ils. On assassine Madame !

Tous reviennent, munis de cannes, d'épées, de bâtons. Nicolas et Auguste franchissent de nouveau la porte du cabinet de toilette. Ils tiennent une forte lampe à la main.

Ce qu'ils virent alors dépassa leur imagination. Dans la pièce bouleversée, madame la Duchesse, les yeux fixes et hagards, gisait sur le parquet, en chemise de nuit, au milieu d'une horrible flaque de sang. A côté d'elle, une table renversée, des porcelaines, des objets d'art brisés, des chaises chavirées, attestaient qu'il venait de se livrer là une effroyable bataille. Terrifiés, ils reculèrent pour la seconde fois, dégringolèrent dans le jardin pour chercher de l'aide... Mais déjà, du salon, les femmes les appelaient.

Ici, la porte maintenant se trouvait ouverte comme par enchantement. Et tandis que, stupéfiés, ils se tenaient sur le seuil, une ombre apparut à l'autre bout, se détachant vaguement du cabinet de toilette. Cette ombre semblait tituber, frapper les murs, puis prendre sa tête à deux mains. C'était le Duc, enveloppé dans sa robe de chambre. Il bredouillait, d'une voix lointaine et changée, comme brouillée de sommeil :

— Qu'est-ce qu'il y a ? Qu'est-ce qu'il y a ?

On ne fut pas longtemps à le savoir. On ouvrit

les fenêtres. Le petit jour éclaira le tragique spectacle.

— Mon Dieu ! cria M. de Praslin. Mon Dieu, quel malheur !

Il poussait des exclamations incohérentes :

— Quel malheur ! Qui a pu faire cela ? Du secours ! Du secours ! Un médecin !

Tous s'ébrouèrent. Les femmes Briffard et Merville coururent à la Duchesse, soulevèrent son corps énorme, ruisselant de sang. Et le Duc sanglotait :

— Ah ! mon Dieu ! Euphémie, qu'allons-nous devenir ? Qu'allons-nous devenir ? Vit-elle encore ?

— Oui, monsieur, répondit la lingère. Elle respire ...

Il tomba sur un fauteuil, la tête dans ses mains. Et il demandait :

— Mais qui est entré le premier ? Qui est entré le premier ?

— C'est moi, monsieur le Duc, finit par avouer Auguste, tandis qu'Euphémie lavait les plaies saignantes.

— Ah ! Et qui avez-vous vu ?

— Je n'ai vu que madame la Duchesse.

— Qu'est-ce qu'elle a dit ?

— Oh ! elle était déjà évanouie... Elle n'a pu rien me dire.

— Qui a pu faire une semblable chose ? Qu'est-ce que nous allons devenir ? Et ces pauvres enfants !...

Puis, il passait à un violent accès de colère, injuriant les domestiques :

— Je vous l'avais bien dit qu'il arriverait un malheur... Vous laissez toujours les portes ouvertes !

A cinq heures un quart, le docteur Reymond, médecin de la famille, arriva. Il fut bientôt rejoint par MM. Canuet et Simon que l'on était allé quérir en toute hâte. En attendant les médecins-légistes, ils prodiguèrent leurs soins à la victime et se livrèrent aux premières constatations.

On avait déposé madame de Praslin sur un matelas au milieu de la chambre. Son corps n'était qu'une plaie. Elle avait reçu plus de trente blessures. Sa tête, à elle seule, en portait onze, parmi lesquelles cinq profondes et étendues. Les lésions du crâne indiquaient qu'elles avaient été produites par des coups assénés avec une extrême violence et au moyen d'un instrument très tranchant. La direction des lambeaux des plaies révélait qu'elles avaient été faites de haut en bas, le corps étendu et la tête inclinée en arrière. C'étaient les premiers coups qui avaient dû être portés, quand la malheureuse avait été surprise dans son sommeil, et que l'assassin avait essayé de lui comprimer la bouche, pour étouffer ses cris. En effet, on remarquait des excoriations au nez, à l'œil gauche, à la lèvre inférieure, au menton, qui gardaient encore des traces d'ongles.

Le cou saignait de quatre larges blessures. Le ventre, l'estomac, les membres avaient été atteints, lacérés ou criblés d'ecchymoses. Le pouce de la main gauche avait été presque entièrement détaché.

Et pourtant, au milieu de cette affreuse boucherie, madame de Praslin vivait encore. La gorge béait, ensanglantée ; mais ni l'artère carotide, ni la veine jugulaire interne n'avaient été atteintes. Ce qui achevait de la tuer, malgré les efforts des médecins, c'était seulement l'hémorragie. Aucun organe essentiel n'avait été touché. Secourue plus tôt, on la sauvait.

Mais il était trop tard. Sans avoir repris ses sens, sans avoir proféré un mot, elle finit par mourir, au milieu du désespoir de tous.

Le Duc, qui avait erré de chambre en chambre, montant et descendant le grand escalier, s'écriant toujours : « Mes pauvres enfants, qu'est-ce qu'ils vont devenir ? » rentra au moment où la Duchesse venait d'expirer. Il frémit, s'approcha du cadavre, posa ses mains sur les épaules sanglantes de la victime :

— Ah ! Pauvre femme ! Pauvre femme ! balbutia-t-il. Quel est le monstre qui a fait cela ?

Euphémie et les domestiques le considéraient d'un œil sévère. Ils avaient l'impression que, derrière lui, la figure exécrée d'Henriette allait apparaître. A ses cris sans écho, il se releva et jeta des regards hébétés autour de lui.

Sur le marbre de la cheminée, tout souillé de sang, le bonnet de nuit de la Duchesse laissait pendre des brides rougies.

— Quelle horreur ! dit-il. Quelle horreur !

Il marcha vers le lit. Ce lit était épouvantable à voir. Le baldaquin ne l'avait pas écrasé pourtant ! Mais le traversin et les rideaux de mousseline étaient tout ensanglantés. Il se jeta sur cette couche tragique, pensant peut-être ébranler la machine fatale qu'il avait préparée et échapper ainsi à ce qui l'entourait.

— Mes enfants ! criait-il. Qui va leur apprendre cela ? Ils n'ont plus de mère !...

On y avait déjà songé. Joséphine, encore dans l'hôtel, s'en était occupée. Elle était allée avertir Louise que la Duchesse avait été frappée d'une attaque d'apoplexie foudroyante, et qu'il fallait au plus tôt prévenir le Maréchal.

La jeune fille fut très profondément troublée. Elle pleura en songeant qu'elle avait ainsi laissé mourir sa mère, sans l'avoir embrassée, la veille au soir, une dernière fois. Mais elle ignorait encore l'étendue de son malheur.

Elle mit ses frères et ses sœurs au courant de la situation ; et tous habillés en hâte, attendirent, avec leur précepteur et leur maîtresse de piano, les ordres qu'on voudrait bien leur donner.

Cependant, peu à peu, l'hôtel s'emplissait. A six heures, MM. Bruzelin et Truy, commissaires de police du Roule et des Champs-Élysées, arrivèrent et commencèrent leur enquête ; ils furent bientôt suivis de MM. Delangle, procureur général, et Allard, préfet de police. Derrière eux, une foule. Sur l'avenue Gabriel, dans le faubourg

Saint-Honoré, les passants attroupés commentaient l'événement. Aucun service d'ordre. On entrait et on sortait librement de la maison, comme s'il se fût agi d'un moulin. Certains badauds se faufilaient jusque dans les appartements, et un gamin à la mine futée, qui s'appelait Victorien Sardou, vint même tirer le nez à la porte de la chambre sanglante, pour ne plus jamais l'oublier.

— De quel droit es-tu ici, mon petit ? lui demanda M. Allard.

— Du droit du curieux, m'sieu !

Au milieu de ce brouhaha, un uniforme magnifique. Le général Tiburce Sebastiani, commandant la division de Paris, est accouru en toute hâte. Il se fraie un passage. Auguste l'accompagne jusqu'au lieu du crime. Mais lorsque le vieux soldat aperçoit les tentures de soie et d'or, éclaboussées de rouge jusqu'à deux mètres de hauteur, des traces de mains blessées imprimées sur les murs, sur les portes, sur les cordons de sonnette, la causeuse transformée en un cloaque écarlate, le parquet souillé, les meubles épars, et, au milieu, le cadavre exsangue de sa nièce, — il éprouva, lui, blanchi dans vingt batailles, un tel saisissement d'horreur, qu'il s'évanouit. Il fallut que le valet de chambre le soignât, allât lui chercher un verre d'eau dans l'appartement du Duc.

Le Général, après une violente crise de larmes, se raidit dans sa douleur. Il monta chez les

enfants, et, rapidement, régla leur sort : les filles
se retireraient chez leur grand'mère de Praslin,
les fils chez leur oncle Edgar ; quant à Louise,
il lui donnerait un aide de camp pour l'accompagner, et elle partirait le jour même en chaise
de poste, pour ramener le Maréchal courant déjà
vers Marseille.

Tout est fixé. Il part, sans voir son neveu qu'il
tient en piètre estime. Et quand le Duc apprend
tout cela, il bondit de colère. Sa morgue autori-
taire le reprend.

— Je n'admets pas, s'écrie-t-il, qu'on organise
des démarches pareilles sans mon ordre. Il n'y a
qu'un seul maître, ici, c'est moi !

Cependant, les magistrats réunis dans la salle
à manger échangeaient rapidement leurs vues.

Au premier moment, MM. Truy et Bruzelin
avaient conjecturé que, durant la nuit, des malfaiteurs, supposant l'hôtel inhabité, s'y étaient
introduits dans le dessein de le mettre à sac, en
pénétrant par les bâtiments en construction de
l'avenue Gabriel. Ils seraient entrés par mégarde
dans la chambre de la Duchesse ; celle-ci, brusquement réveillée, aurait jeté l'alarme ; ils l'auraient tuée pour assurer leur impunité.

Cette hypothèse se présentait assez naturellement à l'esprit, car, quelques heures auparavant,
une tentative analogue avait eu lieu dans un autre
hôtel du même noble faubourg. Seulement l'examen attentif des aîtres ne la confirma nullement.

En effet, ici, aucun vol n'avait été commis ni

même tenté. Le jardin, visité avec le plus grand soin, ne gardait aucune trace d'escalade ni de passage. Nulle effraction n'avait même été essayée aux portes et aux fenêtres. Il fallait donc supposer que l'assassin était venu de l'hôtel lui-même. On s'empressa d'en consigner tous les habitants.

Or, M. Pierre Allard, successeur de Vidocq, poursuivait pendant ce temps-là ses investigations personnelles. C'était un homme de cinquante-six ans, impassible, impénétrable, habitué à considérer sans trembler les pires spectacles. Il examinait cette vaste chambre, de vingt-un pieds de long sur dix-huit de large, où s'était déroulée dans une demi-obscurité une lutte horrible. A mesure que le jour se levait, elle revêtait un aspect plus repoussant encore. Le sang coagulé noircissait sur les meubles et les tentures. Le guéridon en bois de rose, le secrétaire, les chaises, les fauteuils, la cheminée, les candélabres que recouvraient des étuis en percaline, le globe de la pendule, les verrous, les serrures en portaient les traces hideuses. De-ci de-là, des objets frappaient l'attention du chef de la sûreté : une assiette avec un peu de sel, qui avait roulé devant la fenêtre... un morceau de pain sur le marbre empourpré du chambranle... et puis encore, jeté sur le parquet, le dernier livre que lisait la Duchesse, — livre d'une ironie singulièrement révélatrice, avec ce titre sur son modeste cartonnage : *les Gens comme il faut.*

— Oh ! oh ! murmura M. Allard. C'est mal fait. Les assassins dont c'est l'état travaillent mieux... C'est un homme du monde qui a fait ça.

Et il se dirigea vers la salle à manger.

CHAPITRE II

Dans la salle à manger, M. Delangle, face rasée dans un collier de barbe simiesque, donnait ses derniers avis à MM. Boucly, procureur du Roi, Broussais, juge d'instruction, et Delalain, substitut. Le duc de Praslin était là, strictement ganté, atone et raide.

— Hé bien, maintenant, messieurs, je vous laisse, déclarait le haut magistrat. Ce qui reste est l'affaire de M. le Procureur du Roi.

— Pardon, monsieur le Procureur Général, interrompit M. Allard d'une voix nette et pesante. Permettez-moi de vous dire que ceci est votre affaire, et qu'il faut que vous demeuriez avec nous. La Cour des Pairs pourrait bien être convoquée, et c'est vous dans ce cas qui seriez chargé de porter la parole devant elle.

Les membres du Parquet restèrent un moment

interdits. C'était une perspective terrible qui s'ouvrait devant eux. Ils regardèrent le Duc qui blémissait.

Cependant M. Delangle s'était ressaisi :

— Bien. Avez-vous donc, monsieur, des communications nouvelles à me faire ?

— Oui, monsieur le Procureur Général.

— Dans ce cas, monsieur le Duc, je vous prierai de vouloir bien vous retirer. Nous vous ferons appeler si nous avons besoin de vous pour quelques précisions.

M. de Praslin ne résista pas. Dans un autre moment il eût peut-être protesté, demandé des explications avec sa hauteur et son irascibilité ordinaires ; mais, depuis la rentrée de M. Allard, ses traits s'étaient altérés, il semblait profondément abattu. Il esquissa un salut vague et réintégra ses appartements.

— Nous vous écoutons, dit alors M. Delangle au préfet de police.

— D'après ce que je viens de constater, monsieur le Procureur Général, commença-t-il, l'assassin a pénétré dans la chambre par la porte du cabinet de toilette. De ce côté-là, en effet, madame la duchesse de Praslin ne pouvait s'enfermer, car le pène de la targette avait été dévissé d'avance. Il y a eu donc sûrement préméditation et de la part de quelqu'un connaissant les lieux dans leurs plus petits détails.

« Bien. L'assassin entre. La chambre est éclairée comme toutes les nuits par la veilleuse mourante. Cela lui suffit pour viser sa victime, qui reçoit, dans son sommeil, une première blessure au cou. Les larges taches de l'oreiller l'indiquent. Elle se réveille, y porte la main, — d'où la coupure du petit doigt notée sur le cadavre. Puis, comme, malgré tout, elle n'est blessée que légèrement, elle saute à bas de son lit. Pourquoi ? Parce que, par une autre précaution criminelle peut-être, la sonnette qui se trouve dans la ruelle du lit et qui devrait correspondre directement avec le logement de la femme de chambre est en ce moment hors de service... Ce sera un fait à apprécier. Donc madame la duchesse de Praslin devait atteindre les cordons placés à gauche et à droite de la cheminée et qui font résonner leurs timbres dans le vestibule. Mais, dans l'espoir d'échapper plus vite au meurtrier qui lui barre le chemin, elle fuit vers la grande entrée du salon. Il la poursuit, la frappe. Elle lui jette une chaise dans les jambes... Il y a eu, c'est visible, devant la porte, un nouveau corps à corps, à la faveur duquel la victime, ne pouvant ouvrir, a traversé la chambre, s'est traînée jusqu'à la cheminée. Là, elle a atteint une des sonnettes, elle a manqué l'autre. Vous retrouverez partout de ce côté la trace de ses mains tâtonnantes. Elle devait être douée d'une force, d'une énergie peu communes, car elle a lutté avec tout ce qui tombait sous ses doigts. A la fin, elle a dû glisser sur la causeuse où elle a été achevée. Ce meuble, en effet, a été absolument transpercé par l'effusion du sang. On n'en distingue plus la couleur originaire.

« C'est à ce moment que les domestiques ont dû frapper à la porte. L'assassin a voulu se retirer. Auparavant, toutefois, il a essayé d'ouvrir une fenêtre, pour faire croire à une attaque venue du dehors. Il a même taché l'espagnolette. Mais alors il a vu quelqu'un dans le parc, il a refermé bien vite et s'est retiré par le cabinet de toilette en s'éclairant de la veilleuse.

— Et de quel côté supposez-vous qu'il se soit éloigné ? demanda M. Delangle.

— Monsieur le Procureur Général, je me trouvais, il n'y a que peu d'instants, dans la cour, faisant exécuter vos ordres pour retenir ici tous les habitants de l'hôtel. Le valet de chambre s'est approché d'un de mes hommes et lui a dit : « Au lieu de nous consigner tous, on ferait bien mieux de perquisitionner chez M. le Duc. » J'ai aussitôt appelé ce garçon. Il m'a raconté que, tout à l'heure, quand il était allé chercher un verre d'eau pour M. le général Sébastiani, il avait trouvé la chambre de M. de Praslin dans le plus singulier désordre. Au milieu de la pièce, dont le parquet était humide et souillé, il y avait un broc à peu près plein. Le domestique voulut s'en servir. Son maître l'en empêcha, disant que cette eau était sale ; et aussitôt, par la fenêtre, il en vida lui-même le contenu dans le jardin... Enfin, j'ajoute que, depuis l'aurore, on voit de la fumée sortir de la cheminée de M. le Duc... qu'a-t-il donc besoin de brûler, avec la chaleur d'aujourd'hui ?

Ces révélations ne manquaient pas d'impressionner les magistrats. Évidemment, elles les dirigeaient vers une solution d'une exceptionnelle gravité. Si la suite de leur enquête leur désignait M. de Praslin comme le coupable, qu'allaient-ils faire ? Porter la main sur un noble Pair ? Il fallait pour cela une convocation royale de la Cour, et un arrêt rendu par elle ! Ils se sentaient extrêmement inquiets et désarmés. D'autant plus que la nouvelle se propageait rapidement, que les racontars des domestiques cheminaient déjà et que la foule grondait dans la rue... On ne pourrait tarder à appeler la force publique.

— Messieurs, dit le Procureur Général d'une voix grave, il est temps de commencer vos perquisitions. Allez vite et soyez fermes !

Il était huit heures du matin. MM. Aristide Broussais et Delalain, accompagnés de leur greffier, M. Collery, se dirigèrent vers la chambre rouge. Ils en établirent un inventaire minutieux qui corroborait les premières investigations de M. Allard. Mais où leur émotion fut à son comble, c'est quand ils trouvèrent sur une table, devant la croisée, un pistolet d'arçon amorcé et chargé, que MM. Truy et Bruzelin avaient ramassé sous le canapé. Il portait encore des traces de sang sur le canon et la baguette.

Le juge d'instruction le rapprocha de la dépouille massacrée de la Duchesse, et constata avec horreur qu'elle portait sur le visage et le crâne, dans la trace des coups qu'elle avait reçus, l'empreinte des arabesques et des ciselures que le burin de l'ouvrier avait gravés dans la crosse de l'arme ; et qu'à cette même crosse demeuraient fixés encore quelques cheveux bruns et un léger lambeau de chair...

Tout ceci méticuleusement noté, les magistrats firent prier le Duc de vouloir bien les recevoir dans sa propre chambre.

Pour cela, ils suivirent un itinéraire singulièrement révélateur. Dans l'antichambre, des gouttes de sang marquaient les dalles ; on en relevait d'autres sur les quatre marches du couloir, et sur les boutons des portes. Enfin, comme l'avait dit Auguste, tout l'appartement était dans un désordre sans nom.

En présence de M. Boucly, le juge d'instruction crut alors nécessaire de recueillir officiellement les déclarations de M. de Praslin. Avec une mine de plus en plus sombre, ils le prièrent de dire ce qu'il savait pour éclairer la justice.

— Hé bien, messieurs, comme je vous l'ai déjà exposé, répondit le Duc, ce matin, à une heure que je ne puis indiquer, mais alors qu'il commençait à faire jour, j'ai été réveillé par des cris confus. Comme on en entend souvent aux Champs-Élysées, je ne me suis pas effrayé, et ne me suis pas levé tout de suite. Un instant après, j'ai entendu aller et venir dans le jardin. Je suis sorti de mon lit. J'ai passé ma robe de chambre et me suis dirigé du côté de l'appartement de madame de Praslin. Arrivé au bas des degrés du corridor, j'ai entendu crier : A l'assassin ! Alors, sans aller plus loin, je suis remonté, et j'ai pris mon pistolet d'arçon, — celui que vous avez déjà trouvé là-bas.

« Je suis descendu ensuite à la chambre de madame de Praslin, dans laquelle je suis entré par le cabinet de toilette. Il y régnait une obscurité et un silence profonds. J'ai appelé Madame par son nom de Fanny... Elle ne m'a pas répondu. Je suis alors sorti dans le cabinet, j'y ai allumé une bougie avec des allumettes qui s'y trouvaient comme d'habitude sous la pendule de cette pièce. Je suis rentré seul dans la chambre de madame la Duchesse, et je l'ai trouvée assise à terre, la tête appuyée sur un canapé placé entre la cheminée et la fenêtre. Je suis allé à elle... Elle avait la figure couverte de sang.

— Et la pensée ne vous est pas venue d'appeler à l'aide ? demanda M. Broussais.

— Oh ! monsieur, le temps m'a manqué, car j'avais à peine essayé de soulever la tête de Madame et de lui donner quelque secours, que j'ai entendu frapper à la porte du salon. Je suis allé tirer le verrou. J'ai causé avec les assistants vingt minutes ou une demi-heure. Je ne sais pas. J'avais la tête perdue... Puis je suis rentré dans ma chambre, où je me suis lavé les mains.

Le Procureur du Roi, après s'être concerté un instant avec les juges instructeurs, interrogea :

— Avez-vous gardé les vêtements que portiez en vous levant ?

— Oui, monsieur.

— Hé bien, dans ce cas, je vais vous prier de vouloir bien en changer pour faciliter nos perquisitions.

Le Duc obéit. Il semblait écrasé par le changement de front de l'enquête. Il passa dans son cabinet, où, aidé par Auguste, il vêtit un pantalon gris à sous-pieds et une robe de chambre en laine brune doublée de bleu. Dix heures tintaient à la pendule, quand on apporta aux magistrats les habits qu'il venait de quitter.

— Voyez, remarqua M. Broussais penché sur la redingote. Il y a ici quelques taches suspectes... Puis le revers gauche a été fraîchement lavé à l'intérieur. Il est encore humide sur une dizaine de centimètres entre la première et la deuxième boutonnière...

— C'est moi qui ai lavé ce vêtement, interrompit le Duc. En soignant Madame, je m'étais souillé de sang. J'ai voulu faire disparaître les taches que j'avais sur la poitrine pour ne pas effrayer mes enfants à qui j'allais apprendre le malheur qui venait de leur enlever leur mère.

— Et cependant vous n'y êtes pas allé ?

— Non, le courage m'a manqué pour le leur dire... Puis, très promptement, le général Sébastiani est arrivé, s'en est chargé...

Il balbutia :

— D'ailleurs, mon premier soin avait été de

recommander qu'on allât chercher le commissaire de police et le médecin...

M. Broussais le ramena à la question :

— Comment avez-vous essayé de faire disparaître les taches de votre robe de chambre ?

— Je me suis servi du savon que j'emploie ordinairement... Tenez, il est là sur la toilette, avec une éponge encore humide.

— Et l'eau dont vous avez fait usage ? Ce n'est pas celle qui se trouve dans la cuvette, car elle est limpide.

— Non, je l'ai versée dans mon vase de nuit, ou bien je l'ai jetée par la fenêtre de mon cabinet de toilette dans le jardin de la marquise de Castellane... Je ne sais plus... Comment voulez-vous que je me rappelle ?

Il commençait à défaillir. Ses explications devenaient de plus en plus pénibles, à mesure que l'on relevait sur tous ses effets des traces sanglantes. Le pantalon était souillé, la chemise mouillée à la poitrine et aux manches.

— C'était la sueur de la nuit, répondait le Duc.

Les semelles des pantoufles étaient imprégnées d'une eau sanguinolente... Enfin, on avait trouvé, passé dans les bretelles, ce cordon vert en forme de lacet dont rien ne pouvait expliquer la provenance ou la destination.

— Que vouliez-vous faire de cette corde ? demandait M. Broussais.

— Je ne puis le dire.

Et comme on le pressait de questions :

— Je ne puis pourtant pas déclarer que j'ai tué ma femme !

Mais l'examen de sa chambre elle-même allait encore augmenter ses charges. Dans les tiroirs de la commode, sur la table de nuit, sur un canapé, on découvrait, tout maculés, une autre chemise, un gilet de percale, une calotte, une ceinture en flanelle, à propos desquels l'accusé bégayait les mêmes éclaircissements misérables. Enfin, dans la cheminée surtout, on relevait du papier brûlé et noirci, et un lambeau de foulard à moitié consumé.

— Pourquoi avez-vous brûlé ce foulard ? demanda M. Broussais.

Les réponses embarrassées reprirent :

— Hier soir, je l'ai pris dans ma commode pour me coiffer ; mais l'ayant trouvé en très mauvais état, je l'ai jeté dans la cheminée où il y avait déjà une grande quantité de papiers. Ce matin, ces objets ont pris feu, au moment où j'ai jeté une allumette dans le foyer.

— Mais comment ? Il faisait petit jour, vous n'aviez pas besoin de lumière.

— Ah ! c'est possible... Je ne sais pas.

— Et puis, pourquoi ne pas vous être servi tout simplement, hier, du foulard qui est encore préparé sur votre table de nuit ?

— Tiens ! Je ne l'avais pas vu, et c'est pour cela que j'ai pris l'autre. Puis, je me suis couché sans fichu de nuit, contre mon usage.

Et remarquant les mines sceptiques des juges, il eut un dernier mouvement d'humeur :

— Oui, cela vous paraît bizarre... Hé bien, jeter ce foulard et ne pas en prendre un autre, c'est tout à fait dans mes habitudes. Ceux qui me connaissent s'expliqueront bien cela.

On mit sous scellés toutes les pièces suspectes. Puis M. Broussais aborda les grandes questions.

— A quelles causes, dit-il à M. de Praslin, attribuez-vous enfin l'assassinat de madame la Duchesse ? Avait-elle des inimitiés, soit dans la maison, soit dehors ?

— Non, répondit le Duc d'une voix sourde. Je ne lui connais pas d'ennemis. Ce crime ne peut s'expliquer que par la circonstance d'un vol qu'on aura voulu commettre... Les malfaiteurs auront été surpris et l'auront assassinée.

— Par où seraient-ils entrés ? Les croisées étaient-elles ouvertes ?

— Non.

— D'autres portes que celles du cabinet de toilette l'étaient-elles ?

— Pas celle du salon. Le boudoir peut-être...

— C'est possible, mais il ne communique avec aucune autre pièce. Alors...

Puis, M. Broussais précipitant un peu l'interrogatoire :

— Quel usage avez-vous fait de votre pistolet ? Il porte d'étranges marques, ne l'oubliez pas.

— Ah ! c'est que je l'ai jeté à terre sans savoir où... Il est tombé près de la Duchesse, dans son sang... Puis, à un instant donné, je l'ai repris ; dans un mouvement nerveux, j'ai frappé sur le parquet avec le canon, puis avec la crosse... je l'ai abandonné, j'ignore en quel endroit...

M. Broussais haussa le ton :

— Monsieur, ce pistolet porte des traces de sang, des cheveux, de la chair même. Si ce pistolet est le vôtre, et vous ne le nierez pas, les circonstances paraissent élever contre vous les charges les plus graves. Tout semble démontrer que c'est vous, l'auteur de l'assassinat commis sur la personne de madame la Duchesse.

Ici le Duc baissa la tête et la cacha dans ses mains.

C'est le moment qu'attendait le Procureur du Roi pour intervenir.

— Allons, monsieur, fit-il avec véhémence, le moment est arrivé de tout dire. Au point où vous en êtes, il ne vous reste plus qu'un moyen de montrer que vous vous souvenez encore de votre position et de votre nom. Laissez de côté ces mensonges dans lesquels vous vous empêtrez. Expliquez-vous avec la sincérité qui convient à votre origine.

Mais M. de Praslin ne songeait pas à cela. Il cherchait seulement une réponse plausible. Les exhortations de M. Boucly ne réussirent qu'à l'énerver. Il releva la tête.

— Hé bien, parlez, lui dit M. Broussais.

— Si mon attention n'avait pas été détournée par la harangue de M. le Procureur du Roi, je

vous aurais déjà répondu que je ne nie pas que
le pistolet trouvé dans la chambre de madame de
Praslin soit celui dont je me suis armé, ce matin,
pour aller à son secours. Mais je nie formelle-
ment l'avoir frappée avec cette arme ou avec une
autre... Oui, je le nie !

— Et alors, l'adhérence des cheveux et de la
peau à la crosse du pistolet ?

— Si cette circonstance existe réellement, il
m'est impossible de l'expliquer.

Il devenait évident qu'on n'en tirerait plus
rien. Il fallait agir sans lui. On continua les perquisitions.

Elles ne cessèrent de l'accabler. Sur la cheminée, dans un cartonnier, on découvrait de la
poudre et des balles et un couteau à plusieurs
lames, au dos duquel on relevait encore des taches
suspectes. Ce ne pouvait être l'instrument du
crime, pas plus, d'ailleurs, que, dans un bureau
en palissandre, un beau poignard à manche d'argent, fort propre dans son étui ; mais, sur une
petite descente de cave, donnant au-dessous dans
les jardins, on retrouvait, sur les indications
d'Auguste, un fragment plat de gaine, brisée
dans sa partie moyenne.

Où donc le stylet fatal avait-il été jeté ? C'est
en vain que l'on chercha dans le jardin de l'É-
lysée Bourbon, ou encore dans le petit chemin
herbeux qui le séparait de l'hôtel Sébastiani et
où la femme Poiriot faisait brouter ses chèvres.
Mais, s'il manquait encore cette pièce à convic-

tion, il ne pouvait plus y avoir de doutes sérieux sur l'identité du criminel.

Cependant, on le laissa souffler jusqu'à trois heures trois quarts de l'après-midi ; à ce moment, sur l'ordre des magistrats, le baron Pasquier, premier chirurgien du Roi, le docteur Boys de Loury, chirurgien de Saint-Lazare, le célèbre professeur Ambroise Tardieu, MM. Simon et Canuet le soumirent à une minutieuse visite corporelle. On comprit alors pourquoi, toute la matinée, il était demeuré constamment ganté : ses mains portaient de nombreuses égratignures, et, à la paume droite, une morsure témoignait encore de la fureur désespérée avec laquelle lui avait résisté sa victime ; il avait au bras droit une ecchymose, et à la jambe gauche une forte contusion, provenant sans doute de l'un des meubles que la Duchesse avait essayé d'opposer à son meurtrier.

Comment expliquait-il ces traces récentes de la lutte ? oh ! sans aucune arrogance. Dès le moment où il avait compris que les soupçons se fixaient sur lui, il avait changé de tactique, ne répondant qu'avec hésitation, évitant tout éclaircissement précis, parfois même se contentant de dire :

— Je n'en sais rien... Je suis trop fatigué pour répondre à une telle question.

Il rappelait au baron Pasquier, habitué à ces sortes d'examens, le morne abattement des criminels pris en flagrant délit.

Toutefois, pour les marques les plus visibles, il essaya de les expliquer par le frottement d'une boucle et par un coup qu'il aurait reçu, la veille, en montant en wagon.

Tout cela était fort pitoyable. Il apparaissait de toute évidence que M. le duc de Praslin avait assassiné sa femme, non point au cours d'une discussion orageuse, comme on le colportait déjà dans Paris, mais à la suite d'une résolution longuement arrêtée. Pourquoi chercher d'autres hypothèses ? Tandis qu'au dehors croissait l'irritation populaire menaçant d'envahir l'hôtel et de lyncher le misérable, MM. Delangle et Boucly se trouvaient fort embarrassés. Ils avisèrent à la hâte M. le duc Pasquier, chancelier de France.

C'est pour cela que, dans la soirée, un escargot garni de velours épinglé gris, que tout Paris connaissait bien, débarqua ce haut personnage à l'hôtel Sébastiani.

Il semblait plus laid et plus vieux que de coutume. Octogénaire, atteint de la cataracte, il se raidissait en vain contre les malheurs qui accablaient à la fois la pairie et le régime.

— Tout s'en va ! soupirait-il. Teste et Cubières condamnés pour corruption ! Le mot *escroquerie* s'attachant aux épaulettes du Général et le mot *vol* à la robe du Président... Le comte Bresson qui se coupe la gorge ! Le prince d'Eckmühl qui donne un coup de couteau à sa maîtresse, une vieille catin qui ne valait même pas un coup de pied ! Le comte Mortier qui veut égorger ses enfants avec un rasoir... Et maintenant le duc de Praslin qui tue sa femme ! Le haut de la société en épouvante le bas ! Où allons-nous ?

Pourtant la fatigue, l'âge, et les tristesses n'avaient rien enlevé de sa lucidité au vieux routier des luttes politiques et judiciaires. Après avoir écouté avec attention l'exposé de M. Delangle, il résuma très nettement la situation :

— Monsieur le Procureur Général, dit-il, je n'ai aucune part à prendre à votre instruction. Cette réserve m'est commandée par l'autorité des principes constitutionnels et les précédents de la Cour des Pairs. Vous savez aussi bien que moi que la Chambre haute ne peut être de plein droit érigée en cour de justice. Sa transformation en corps judiciaire doit, pendant la durée et à plus forte raison dans l'intervalle des sessions législatives, être prononcée par une ordonnance du Roi.

— Cette ordonnance peut arriver d'une minute à l'autre, monsieur le Chancelier, osa faire remarquer le Procureur Général. M. Hébert, Garde des Sceaux, et ceux de ses collègues présents à Paris sont déjà venus ici. Ils ont expédié au château d'Eu une estafette. Sa Majesté ne manquera certainement pas de saisir toute la gravité de la situation.

— Permettez, permettez, objectait le vieillard. L'ordonnance convoquant la Chambre des Pairs fût-elle signée, elle ne suffirait pas, d'après les précédents de la Cour, pour m'autoriser à procéder aux actes d'information et d'instruction. Il est, en effet, consacré par la pratique de notre haute juridiction que nulle instruction ne peut avoir avoir lieu devant elle, si elle n'a été ordonnée par arrêté de la Cour elle-même.

« D'ailleurs, laissez-moi ajouter que M. le duc de Praslin, revêtu, depuis le 6 avril 1845, de la dignité de pair de France, ne peut être quant à présent mis en état d'arrestation dans le sens légal du mot. En effet, d'après l'article 28 de la Charte Constitutionnelle, « aucun pair ne peut être arrêté que de l'autorité de la Chambre et jugé que par elle en matière criminelle. » Cette disposition est absolue dans les termes ; de plus, son sens a été nettement précisé par les discussions engagées au sein de la Chambre des Pairs en 1830, lors du procès de M. de Kergorlay, et, en 1831, lors du procès de MM. de Montalembert, Lacordaire et Decoux. Elle ne fait même pas exception pour le cas de flagrant délit, comme l'article 44, relatif aux députés.

— Mais alors, que dois-je faire ? interrogea M. Delangle.

— Attendre, répondit le Chancelier. Les privilèges de la pairie ne peuvent céder, même devant le crime. Prenez les mesures préventives que vous croirez devoir prescrire. Elles vous mettront toujours à couvert. D'ailleurs, il est probable que nous ne tarderons pas à être fixés... Je reviendrai demain, vers midi.

L'œil éteint, la bouche amère, son énorme

menton engoncé dans sa triple cravate et son col de batiste, le duc Pasquier se retira. Les magistrats continuèrent à épiloguer sur leur situation. Toutefois, comme vers minuit ils n'avaient encore rien reçu, ils décidèrent de se parer contre toute aventure, et ordonnèrent que le duc de Praslin serait étroitement surveillé et gardé à vue.

Comme on le verra par la suite, il était déjà trop tard.

CHAPITRE III

L'ASSASSIN

A quelle pensée secrète avait obéi M. le duc Pasquier en s'opposant à l'arrestation immédiate de M. de Praslin, et en obligeant la magistrature à de dangereuses temporisations? Ce n'était certainement pas à ce respect exagéré de la procédure qui n'a jamais dominé que les âmes faibles. Dans son for intérieur il était demeuré l'ancien Garde des Sceaux qui n'avait pas hésité, un jour, à prononcer à la tribune l'apologie de l'arbitraire :

— Quand on sort de la légalité, s'était-il écrié, ce ne peut être que pour un but important, pour un grand objet à remplir. On est justifié dès lors par la nécessité des circonstances. De plus, nul inconvénient n'est plus grand que celui de l'arbitraire déguisé introduit dans un gouvernement libre ; c'est alors véritablement la corruption de toutes les institutions. Au contraire, l'arbitraire nettement exprimé peut être un remède salutaire dans les grands périls. »

Or, dès le premier moment, ce qui avait surtout frappé le vieillard, c'était le nouveau scandale effroyable qui menaçait la monarchie de Louis-Philippe, si un chevalier d'honneur de la duchesse d'Orléans était mené à la guillotine. Il fallait à tout prix écarter cette image. On ne pouvait admettre que l'assassin, une fois démasqué, se sentant perdu, ne prît pas la résolution de se juger lui-même. Au besoin, chacun l'y aiderait, ses amis, ses collègues, ses parents. Toute la journée on avait défilé près de lui : MM. Hébert, Delessert, les ducs de Massa et de Brancas, M. Bertin de Vaux, le général Marbot, et son frère surtout, le comte Edgar, qui avait eu avec le coupable un long entretien. Tous ces gens-là, si la foule ou la justice l'avaient absous, ne l'auraient jamais épargné. Le vieux chancelier pensait déjà ce que M. Mignet devait écrire à M. Victor Cousin deux jours plus tard :

Le mal qui rejaillira de ceci sur la haute société et sur les classes qui gouvernent sera grand. Tout conspire à les perdre ou à leur nuire dans l'imagination hostile du peuple, la corruption la plus basse, et le crime le plus hideux. *S'il continue à être assez lâche pour ne pas se tuer*, cet odieux procès fera un affreux ravage.

Mais, d'autre part, il fallait empêcher que ce suicide, dont la nécessité apparaissait avec la rigueur d'un syllogisme, eût lieu en prison : car il aurait, dès lors, pris l'aspect de la simple suppression d'un coupable gênant. Tant que le Duc demeurait dans son hôtel, même sous la surveillance de la police, tout était possible, et il était permis d'espérer encore qu'on s'en tirerait sans un trop éclatant déshonneur.

Dès le lendemain matin, M. le chancelier Pasquier, en revenant à l'hôtel Sébastiani, put se féliciter de son attitude. Son plan semblait avoir déjà réussi.

En effet, M. de Praslin avait passé une nuit abominable. Après les dernières perquisitions, il avait été pris de douleurs d'entrailles et de vomissements. A dix heures et demie du soir, on avait été obligé d'aller chercher de nouveau le docteur Reymond qui trouva son client couché sur son lit, secoué de nausées, dévoré de soif, le pouls à peine perceptible et d'une fréquence extrême, la peau froide et morte, malgré la chaleur caniculaire.

Le médecin avait feint de croire à une crise cholérique. Il avait ordonné des boissons glacées, qui, on le devine, n'améliorèrent en rien l'état du malade. Au matin, on essaya de lui donner un bain. Quand il en sortit, il eut une syncope et souilla les meubles de ses déjections. On crut qu'il allait expirer. On appela le docteur Louis, membre de l'Académie de Médecine.

Celui-ci ne s'y trompa point : le Duc étendu, couvert d'une sueur visqueuse, la gorge contractée, était incapable d'articuler une parole. Il ne pouvait répondre que d'un signe de tête aux questions de son médecin. Les symptômes parlaient : c'était le choléra ou le poison.

Dans de telles circonstances, un cas de conscience professionnelle se pose. Si le praticien déclare qu'un accusé s'est empoisonné, du coup il dévoile à tous qu'il est coupable. Il ne doit donc même pas le laisser deviner, il ne doit laisser échapper aucun mot, aucun signe de nature à faire croire qu'il pense à une tentative de suicide. Mais ici, de plus, il semble bien que tous les médecins exagérèrent cette discrétion de principe. Ils estimaient sans doute avec la famille de Praslin et la Chambre des Pairs qu'il était beaucoup plus simple de permettre à l'accusé de se punir tranquillement lui-même. Et, n'envisageant officiellement que l'hypothèse fort opportune du choléra, ils continuèrent des traitements, d'où était absent tout ce qui aurait pu servir de contre-poison.

Mais si, d'une part, on travaillait ainsi à soustraire le Duc à l'échafaud, on se préoccupait de poursuivre vigoureusement celle que l'on pouvait considérer comme l'instigatrice de son crime. Tout le monde accusait Henriette. Dès le 18 août, un mandat d'arrêt avait été décerné contre elle.

On ne la découvrit pas tout d'abord chez madame Lemaire, et ce fut dans le public une explosion de fureur. Aurait-elle pris la fuite ? En réalité, les Rémy, apprenant l'assassinat, étaient allés l'avertir, et, voyant son désarroi, l'avaient emmenée chez eux, 28, rue Ferme-des-Mathurins. C'est là qu'on finit par la trouver vers huit heures du soir. Dès le lendemain, elle comparut devant MM. Boucly et Broussais.

L'institutrice était profondément troublée. Dans sa robe de nankin soutachée de blanc et sa visite de moire noire, sous son chapeau de paille garni d'une ruche à la vieille de couleur lilas, elle apparut, à la fois pathétique et déconcertante comme toujours. Dès que les magistrats lui eurent appris que le Duc, sur de graves indices, était considéré comme l'assassin, elle éclata en sanglots :

— Oh ! non, non, non, messieurs, s'écriat-elle, dites-moi que cela n'est pas ! C'est impossible ! Lui qui ne pouvait pas voir souffrir un de ses enfants ! Non, ne me dites pas qu'il y a des indices qui sont graves. Dites-moi que c'est un soupçon qui ne se justifiera pas !

Et, parvenue au paroxysme de l'exaltation, elle joignit les mains et tomba à genoux devant le Procureur du Roi :

— Oh ! dites-le moi, monsieur, suppliait-elle, dites-le moi ! Je ne vous crois pas... Ma conscience me dit qu'il ne l'a pas fait... Mais s'il l'avait fait, grand Dieu ! oh ! mais c'est moi, c'est moi qui serais coupable ; moi qui aimais tant ces enfants, moi qui les adorais... J'ai été lâche, je n'ai pas su me résigner à mon sort, je leur ai écrit des lettres, des lettres que vous pourrez voir... Oh ! que j'ai eu tort ! J'aurais dû leur dire que je me faisais à ma situation, que je pouvais être heureuse dans ma petite chambre, de m'oublier et d'aimer leur mère : mais je n'en ai rien fait... La vie était bien triste pour moi... J'avais été, pendant six années, si heureuse dans cette maison, au milieu de ces enfants qui m'aimaient et que j'aimais plus que la vie !... La vie m'était insupportable sans eux, et je l'ai dit... C'est mon crime, c'est moi qui suis coupable ; dites-le, monsieur, écrivez-le ! — Il aura demandé cette malheureuse lettre de réhabilitation, elle l'aura refusée, et alors... oh ! c'est moi, c'est moi qui suis coupable : dites-le, monsieur, écrivez-le !...

Qu'elle fût pleinement sincère ou qu'elle jouât un jeu dangereux, mademoiselle Deluzy n'en prenait pas moins une attitude fort habile. Elle savait bien que la magistrature ne cherchait pas des sacrifices quasi-maternels, mais la justice. Aussi M. Boucly s'efforça-t-il d'obtenir d'elle quelques aveux plus compromettants.

— Une pareille exaltation, lui dit-il en la relevant, ne semble pas appartenir aux sentiments qui pouvaient exister entre les enfants et vous. Voyons, est-ce bien à ces enfants, et à ces enfants seuls, que vous adressiez ces lettres de désespoir dont vous venez de parler ?

Ici, Henriette ne se démonta pas. Avec la force de l'inconscience féminine, elle plaida passionnément l'invraisemblable :

— L'exaltation peut appartenir à tous les sentiments, répliqua-t-elle. Ne le comprenez-vous pas ? Et puis, je ne voudrais pas répondre qu'à force de voir M. de Praslin si bon pour moi, si généreux, il ne se soit pas mêlé à l'affection que j'éprouvais pour ses enfants, une tendresse... une vive tendresse pour leur père... Mais jamais, jamais je n'ai porté dans cette maison le trouble et l'adultère !... Est-ce qu'on ne comprend pas qu'on peut aimer honnêtement ?

— Et ce... sentiment de tendresse, demanda le Procureur du Roi, était-il partagé par M. de Praslin ?

— Non, dit-elle. M. de Praslin n'avait pour moi aucune tendresse ni exaltation de tendresse... Mais les enfants étaient malheureux... Ils souffraient dans leur santé... Leur mère les rudoyait.

— Oh ! fit M. Boucly. Croyez-vous que, s'il est démontré que M. de Praslin est l'auteur du crime, on puisse jamais croire qu'il l'a commis pour défendre ses enfants contre les mauvais traitements de leur mère ?

Et comme elle se taisait :

— La vérité est tout autre. Personne n'ignore le désordre profond que vous avez apporté dans ce ménage. Il y a eu même un projet de séparation judiciaire !

Henriette se défendit pied à pied :

— Ce trouble ne s'est manifesté qu'au dernier moment, répondit-elle. J'ignorais à quel degré de gravité il pouvait arriver, car, je vous le répète, M. de Praslin ne m'a jamais témoigné que de l'amitié et de l'estime. Je proteste, pour dire le mot, qu'il n'a jamais été mon amant !

— Cependant, depuis un mois, il ne pouvait vivre loin de vous ! Vous échangiez des lettres... Il vous faisait de fréquentes visites. Hier, vous aviez été invitée à vous présenter pour demander une lettre à la Duchesse, lettre qu'elle ne voulait pas vous donner, et c'est hier matin qu'elle a péri assassinée !

Mais Henriette n'abandonnait pas l'attitude qu'elle avait prise :

— Non, messieurs, madame de Praslin serait morte naturellement et M. de Praslin m'eût offert sa main, que, par intérêt pour les enfants, je n'aurais jamais consenti à une mésalliance dont les conséquences seraient retombées sur eux... Jamais non plus, je n'aurais eu l'idée d'une autre liaison. Si M. de Praslin m'eût aimée, j'aurais pu lui sacrifier ma réputation, ma vie, mais je n'aurais pas voulu qu'il en coûtât un cheveu à sa femme ! Je dis la vérité, vous devez me croire, messieurs ! N'y a-t-il pas dans ma nature un accent qui porte avec lui la conviction ? Vous devez le sentir ! Non, jamais, jamais !...

On ne put la tirer de ces dénégations sanglotantes. Il valait mieux décidément se rejeter sur ses lettres. Or, elle avait emporté toute sa correspondance chez M. Rémy, qui, à son tour, l'avait passée à un de ses amis, M. de la Berge. On la rechercha activement pour essayer d'y retrouver enfin les traces de cette complicité que réclamait impérieusement l'opinion.

On écroua l'institutrice à la Conciergerie. Elle y était au secret. Mais, pendant deux heures, chaque jour, on lui permettait de se promener dans le préau désert.

C'était une cour intérieure, entourée d'un cloître, et ornée d'un petit jardinet ; au-dessus, s'élevaient les fenêtres grillées et garnies d'abat-jours des deux étages de la prison. On vint pendant plusieurs semaines l'y examiner en cachette, tandis que, pâle et triste, elle prenait des poses romantiques.

Granier de Cassagnac fut des curieux sans indulgence qui la dévisagèrent. Il résumait ainsi ses impressions :

« Elle a le front trop bas, le nez trop retroussé, les cheveux trop blonds. Cependant, somme toute, elle est jolie. Elle regarde fixement tous ceux qui passent. C'est une de ces femmes auxquelles il manque du cœur pour avoir de l'esprit. Elle est capable de sottises, non par passion, mais par égoïsme. »

La journée du 19 août s'acheva, dans l'hôtel Sébastiani, au milieu d'une atmosphère toujours lugubre. Le corps de la Duchesse, que veillaient sans interruption deux prêtres du clergé de la Madeleine, avait été embaumé et déposé dans le grand salon, transformé en chapelle ardente. Auparavant, l'autopsie avait permis d'établir l'épouvantable liste de ses blessures et avait révélé dans l'estomac une écume sanglante qui attestait les cris qu'elle avait poussés et la longueur de son agonie.

De nombreux visiteurs se succédaient devant la dépouille de la martyre, et, en passant, jetaient un coup d'œil dans la pièce voisine. M. le vicomte Hugo, qui revint avec plusieurs nobles Pairs, écrivit à cette occasion sur son carnet :

« La chambre est comme elle était le matin du crime. Le sang, de rouge, est devenu noir. Voilà la seule différence. »

Confiné dans son appartement, le Duc continuait à endurer les pires tortures. Son état empêchait absolument de l'interroger. On se contentait de fouiller partout, jusque dans les fosses d'aisances, pour retrouver l'instrument de l'assassinat. Mais on n'y parvenait pas. Toutes ces mesures médiocres énervaient l'opinion, furieuse de se voir dérober sa proie. Personne, dans Paris, ne croyait au châtiment. On annonçait déjà partout l'évasion du coupable... On citait les agents subalternes qui l'avaient favorisée, le chiffre de leur corruption... Et cette légende prenait une telle force que rien ne pourrait la détruire, et que, de nos jours, il est encore de bonnes gens pour croire que, favorisé par la Cour, le Duc est passé en Angleterre, et qu'il y a fini tranquillement sa vie, pensionné par ses enfants, pour avoir *praliné* leur mère !

Pourtant, au matin du 20, la répression assoupie sembla se réveiller. M. le chancelier Pasquier reçut l'ordonnance attendue.

La veille, au château d'Eu, où elle passait l'été, la famille royale avait été bouleversée par la fatale nouvelle. Louis-Philippe en avait reçu un coup des plus pénibles. Affaissé, les joues tombantes, alourdi par un embonpoint morbide, que faisaient ressortir encore davantage son habit marron et son gilet de piqué blanc, le Monarque découvrait dans ces événements tragiques les plus sombres présages. Il relut d'un œil brouillé la pièce officielle soumise à son agrément par le Garde des Sceaux :

La Cour des Pairs est convoquée. Les Pairs absents de Paris seront tenus de s'y rendre immédiatement, à moins qu'ils ne justifient d'un empêchement légitime.

La Cour procédera sans délai à l'instruction et au jugement du crime imputé au duc de Praslin.

M. Delangle, Procureur Général près la Cour Royale de Paris, remplira les fonctions de Procureur Général près la Cour des Pairs. Il sera assisté de M. Bresson, avocat général près la Cour Royale de Paris.

M. Boucly, procureur près le Tribunal de la Seine, fera fonction d'avocat général à la Cour des Pairs, de concert avec M. Bresson.

Avant de signer, le Roi des Français avait longuement soupiré. Il s'était écrié :

— J'ai subi, depuis 1830, bien des épreuves, mais ceci est l'acte le plus douloureux de mon règne.

Ainsi investi d'un pouvoir redoutable, le Chancelier ne se pressa pas outre mesure. Il convoqua la Cour pour le lendemain samedi 21 août, à une heure de l'après-midi. Puis, il pria le docteur Andral, membre de l'Académie de Médecine et médecin officiel de la Chambre des Pairs, d'aller visiter le duc de Praslin.

Ce dernier, après des alternatives de calme et de souffrance, avait été transporté dans une chambre du second étage, où on l'avait couché : ainsi ne gênerait-il pas, au rez-de-chaussée, les investigations judiciaires qui continuaient. Il était vers deux heures de l'après-midi, fort mal en point : les extrémités glacées, le pouls très petit, le cœur battant faiblement, et avec beaucoup d'irrégularité. La médecine pouvait difficilement, en vérité, persévérer, dans son attitude expectante, en présence de ce moribond. D'autant plus que son transfert au second étage avait permis des découvertes singulièrement révélatrices : non seulement on avait trouvé, dans le fond d'un tiroir, dans le cabinet de M. de Praslin, la lame brisée d'un poignard encore tachée de sang, d'un *cric* malais, comme l'imprimait naïvement le *Constitutionnel*, mais encore, dans une des poches de sa robe de chambre, une fiole ayant contenu de l'arsenic et du laudanum.

— Évidemment, dit le docteur Andral, avec gravité, l'état de M. le Duc peut avoir deux causes : ou les fortes émotions qu'il a ressenties, ou l'ingestion d'un poison.

Il considérait la fiole. Elle portait encore l'étiquette de M. Marcotte, pharmacien, 84, faubourg Saint-Honoré.

— Je saurai bien, continua-t-il, și, dans cette officine, on a fourni des substances toxiques, et, dans ce cas, nous serons fixés. En attendant, il faut prendre toutes les précautions et faire analyser les matières évacuées par le malade.

On n'en avait pas conservé. Il restait bien le fauteuil souillé la veille et que l'on avait relégué dans le jardin ; mais on n'y songea pas. D'ailleurs, comme le médecin des Pairs reçut de l'honorable M. Marcotte l'affirmation solennelle qu'il n'avait délivré de poison à personne, il continua bravement à ignorer l'arsenic qui, depuis l'avant-veille, rongeait les entrailles du criminel.

Ce poison, si fort à la mode à cette époque, produit, comme on le sait, des effets bien différents ; parfois il opère de façon foudroyante, mais, le plus souvent, sur les tempéraments robustes, il n'exerce qu'une intoxication subaiguë qui peut durer plusieurs jours. Toutefois, lorsqu'il a réussi à pénétrer complètement dans l'organisme, toutes les médications demeurent vaines ; c'est à ce point décisif que l'on tenait à arriver.

Cependant, comme le dénouement escompté semblait maintenant sûr, le Chancelier, sur le rapport du docteur Andral, se décida à frapper un grand coup pour calmer l'opinion publique surexcitée. Afin de sortir de cette situation équivoque d'un Pair non arrêté et gardé à vue, il dé-

cerna un mandat de dépôt qui contenait l'ordre
de transférer l'accusé dans les prisons du Luxembourg.

Mais aussitôt, par une de ces pusillanimités
politiques qui devaient causer la perte du régime
de Juillet, il hésita à opérer ce transfert en plein
jour. N'y aurait-il pas des troubles dans la rue,
peut-être une émeute ? Il feignit donc de se
rendre aux raisons du médecin jugeant le Duc
intransportable pour le moment ; mais il le pria
de revoir le malade dans la soirée, et de décider
alors si, vraiment, le lendemain matin, à l'aurore, la chose lui paraissait impossible. Il se
fonda sur l'intérêt qu'il y avait à posséder l'inculpé sous la main, au moment même où se réu-
nirait la Cour.

Le docteur Andral était un homme fort intelli-
gent. Il comprenait les choses à demi-mot. Il revint à l'hôtel Sébastiani vers les onze heures du
soir, et jugea que l'état de M. de Praslin s'était
sensiblement amélioré. Après tout, c'était peut-
être exact. L'empoisonnement, en effet, arrivait à
cette deuxième période, dite période de réaction,
où les vomissements cessent, où le pouls se relève, où l'intoxiqué oscille entre une vive agitation et de brusques défaillances. Le médecin
déclara que son client pouvait être transporté
maintenant, avec, bien entendu, quelques élé-
mentaires précautions.

Donc, le samedi 21 août, à quatre heures du
matin, un huissier, accompagné d'un septième

ou huitième praticien, le docteur Rouget, attaché
à la prison du Luxembourg, se présenta à l'hôtel
Sébastiani. Le Duc, à ce moment, se trouvait dans
un grand état de prostration. On n'en décida pas
moins qu'il pouvait immédiatement être mené
à son cachot du Luxembourg ; il ne mourrait pas
durant le trajet. L'huissier lui signifia le mandat
de dépôt et l'ordonnance royale, et, malgré ses
faibles protestations, Auguste l'habilla pour la
dernière fois. Puis, dans un fauteuil, on le descendit jusqu'à la voiture du Grand Référendaire,
M. Decazes, qui l'attendait devant la porte, dans
le faubourg Saint-Honoré.

Mystérieux et lugubre voyage, pour lequel la
police avait été mobilisée ! Il y avait là tout un
cortège : en tête, une troupe d'agents servaient
d'éclaireurs, chargés de maintenir l'ordre, de
prévenir les obstacles ou les encombrements.
Derrière, trois voitures : l'accusé dans la première, avec M. Elouin, chef de la police muni-
cipale, le docteur Rouget et le valet de chambre ;
dans la seconde, MM. Allard, Bruzelin, Truy et
l'huissier de la Cour ; dans la troisième, les
agents qui avaient surveillé l'hôtel depuis le
18 août. Une brigade de sergents de ville, sous la
direction d'un officier de paix, fermaient la
marche, à une certaine distance.

Les attelages allaient au pas, dans le petit jour
légèrement brumeux. On mit près d'une heure
pour traverser la place de la Concorde et la Seine,
suivre les rues de Bourgogne et de Grenelle, re-

monter jusqu'au Luxembourg. Le Duc, brûlant de soif, et grelottant de froid, réclamant du bordeaux glacé qu'on lui versait de temps en temps, recommençait à peu près l'itinéraire inverse qu'il avait parcouru vingt-trois ans auparavant, le jour de son mariage. Les voies et les quais étaient déserts. Seuls, quelques ouvriers, en se rendant à leur travail matinal, considéraient avec envie cette lourde voiture armoriée et ne se doutaient pas qu'elle traînait lentement vers sa dernière étape un condamné à mort.

A cinq heures un quart enfin, on arriva rue de Vaugirard, devant la geôle de la Cour. M. de Praslin était d'une pâleur mortelle. Il fallut le soulever et le porter à bras jusqu'aux premières marches de l'escalier. Il le gravit ensuite tant bien que mal, en s'accrochant à la rampe et aux assistants qui le soulevaient sous les cuisses. On finit par le loger dans la cellule où avait été interné le président Teste, — ce Teste qu'il avait lui-même, quelque temps auparavant, si sévèrement jugé. Seulement, aux barreaux que l'on avait scellés pour l'ancien haut magistrat concussionnaire, on venait d'ajouter des hottes qui empêchaient de voir au dehors.

On recoucha le prisonnier. On se précipita chez un marchand de vin, à l'angle de la rue Servandoni, pour avoir une bouteille d'eau chaude à mettre dans son lit, afin d'essayer de le réchauffer... On allait ainsi continuer avec mille prévenances à le laisser mourir.

CHAPITRE IV

LA COUR DES PAIRS

En haut des quarante-huit marches solennelles
du grand escalier, la salle des séances du Luxembourg arrondit son hémicycle sous les statues de
Solon, de Périclès et de Cincinnatus. Il est une
heure de l'après-midi. Quelques Pairs, exacts au
rendez-vous, sont déjà là, une lourde tristesse
empreinte sur la figure. Hé quoi ! encore un
scandale sur la Chambre haute ! Ce duc de Praslin, qui, toujours, dans les procès criminels, à
côté de M. le vicomte Hugo, votait dans le sens
le plus dur aux accusés ! Ce grand seigneur raidi
dans son orgueil héréditaire ! Aurait-on jamais
attendu cela de lui ?

La presse était fort mauvaise. *La Gazette de
France, la Réforme, l'Union monarchique, le
Charivari*, se faisaient remarquer par leurs attaques divergentes. L'opposition semblait défier
les Pairs de traîner l'un d'entre eux à l'échafaud.

Aux bruits d'évasion avaient succédé des bruits de suicide, et il avait fallu que des notes officieuses rassurassent un peu l'opinion en déclarant que le Duc ne s'était pas empoisonné le moins du monde, qu'il se portait beaucoup mieux, et que les médecins ne veillaient plus sur lui que pour examiner tout justement les aliments qu'il absorbait. Mais ces précautions maladroites laissaient planer encore un scepticisme agressif ; et les Pairs, agités et fort sombres, attendaient avec inquiétude les événements, comme s'ils devinaient que, de ces nuages montant au ciel caniculaire, devait sortir la foudre qui finirait bien par les frapper.

A deux heures sept minutes, la séance publique est ouverte. Le duc Pasquier préside, toujours droit et sec, essayant de fixer ses yeux presque aveugles sur l'assemblée. Derrière lui, M. de la Chauvinière se tient prêt à lui lire les papiers qu'on pourrait lui communiquer.

Dans la salle, le Garde des Sceaux et le Ministre des Travaux publics. Soixante-dix membres à peu près, en habit brodé, sans épée et sans chapeau. Dans les tribunes, beaucoup de femmes, et, chose bizarre, un homme gras, chauve et blanc, rouge de visage, qui ressemble singulièrement à Parmentier, le co-accusé du procès Teste et Cubières.

M. Hébert monte à la tribune.

— Nous avons l'honneur, dit-il, de remettre à M. le Chancelier l'ordonnance du Roi qui convoque la Cour et constitue le Ministère public chargé de soutenir l'accusation dirigée contre M. le duc de Praslin, pair de France, prévenu d'avoir commis un assassinat sur la personne de madame la duchesse de Praslin.

Et, après avoir donné lecture de cette ordonnance, il la remet au duc Pasquier, qui déclare :

— La Cour ordonne qu'il en sera délibéré en la chambre du Conseil.

C'est tout. La séance publique est terminée. Elle a duré exactement sept minutes. On fait évacuer les tribunes, assez malaisément d'ailleurs, car les journalistes, déjà friands des grandes nouvelles judiciaires, se résignent à s'en aller avec beaucoup de difficulté. Averti, le Chancelier s'irrite, et tance les huissiers. Enfin, on achève d'exécuter ses ordres, et MM. Delangle et Bresson en robe rouge peuvent faire leur entrée et déposer leur réquisitoire.

Il faut bien se garder de croire que les Pairs fussent unanimes à approuver la marche suivie dans cette affaire par le duc Pasquier. Les uns estimaient qu'il avait trop attendu, les autres qu'il s'était trop hâté. En tête de ces derniers, le marquis de Boissy protesta énergiquement contre le mandat de dépôt qui, le matin même, avait été exécuté.

— Pourquoi cette arrestation ? demanda-t-il avec aigreur. Un Pair ne devrait être arrêté que de l'autorité de la Chambre. Il suffisait, en attendant qu'elle eût statué, de le garder à vue.

Mais le vieux Chancelier, rassuré maintenant sur l'effet de ses temporisations, fit tête à l'orage, en soutenant avec autorité une opinion diamétralement opposée à celle qu'il avait mise en pratique trois jours auparavant :

— Messieurs, c'est moi qui ai décerné ce mandat de dépôt. J'en revendique la pleine responsabilité. Veuillez réfléchir que les magistrats de la juridiction ordinaire n'avaient que trop attendu : le flagrant délit, en effet, ne l'oubliez pas, leur donnait le droit d'intervenir sur l'heure. Quant à moi, sitôt en possession de l'ordonnance royale de convocation, je serais intervenu. Si j'ai retardé jusqu'à ce matin, c'est que j'ai redouté l'exaspération publique contre l'accusé. On me signalait de nombreux rassemblements... L'ordre peut-être eût été difficilement maintenu... Mais dès que j'ai pu agir librement, j'ai cru de mon devoir de le faire.

Comme, en ce moment, il avait raison et de toute évidence, plusieurs Pairs, le comte de Pontécoulant, MM. Victor Cousin et Portalis surtout prirent la parole pour l'approuver. L'illustre jurisconsulte y trouva matière à un superbe discours :

— Que deviendrait, avec l'application de votre système, le principe de la liberté individuelle ? demandait-il au marquis de Boissy. Lorsqu'un homme, signalé par la clameur publique comme l'auteur d'un crime encore flagrant, invoquerait la qualité de pair de France, la justice ordinaire ne pourrait donc plus le faire saisir en vertu d'un mandat légalement décerné ! Elle en serait réduite à employer des moyens proscrits par nos lois pour retenir ce prévenu en chartre privée, sans qu'il y eût de magistrat compétent pour l'entendre ! Ainsi serait renversée cette règle fondamentale de notre droit qui veut que nul citoyen ne puisse être privé de sa liberté plus de vingt-quatre heures sans avoir été interrogé et sans qu'un mandat soit intervenu pour régulariser l'arrestation ; c'est-à-dire qu'en voulant fonder un droit privilégié, on aurait retiré les garanties les plus sacrées du droit commun, et cela en présence de l'article 122 du Code Pénal qui déclare punissable de la dégradation civique tout magistrat coupable « d'avoir fait retenir un individu hors des lieux déterminés par le gouvernement ou par l'Administration publique ! »

« Votre interprétation serait destructive de la sécurité publique.

« Hé quoi ! Il suffirait qu'un inculpé, saisi en flagrant délit d'un crime, peut-être à l'une des extrémités du royaume, s'écriât, lorsqu'on mettrait la main sur lui : « Je suis pair de France ! » pour qu'aucune autorité quelconque, aucun magistrat, aucun officier de police judiciaire ne se crût le droit de l'appréhender au corps, dans ces cas même où tout citoyen est investi par la loi du pouvoir d'arrêter le coupable signalé par la clameur publique ! On pourrait voir ainsi un misérable traverser la France, son poignard sanglant à la main, pour se réfugier à l'étranger ! »

L'argumentation était un peu forcée : mais la conclusion ne manquait pas de justesse.

— Oui, disait Portalis, aucun pair ne peut être arrêté que de l'autorité de la Chambre, — mais il faut excepter le cas de flagrant délit, fixé par l'article 121 du Code pénal.

« Tout magistrat a le droit de décerner un mandat contre l'inculpé dans ce cas de flagrant délit. Et M. le Chancelier, juge d'instruction né dans tout procès criminel contre un Pair, pouvait le régulariser dès le premier jour. »

En somme, avec l'appui d'une pareille autorité juridique, M. Pasquier triomphait sur toute la ligne. Il en éprouva une telle satisfaction qu'il dépassa un peu la mesure et joua la difficulté. Il aborda de front les questions les plus périlleuses avec une assurance quelque peu inconsciente :

— Des bruits de suicide ou d'évasion ont couru, dit-il. Messieurs les Pairs peuvent être pleinement tranquilles. Aucune précaution ne sera épargnée pour que l'inculpé, s'il est reconnu coupable, ne puisse se soustraire. d'une façon quelconque au châtiment public et légal qu'il aurait encouru et mérité.

Tout le monde était d'accord. La Cour, par un arrêt solennel, prit la direction de l'affaire. Une commission fut nommée pour continuer l'instruction. Elle comprenait, avec le Chancelier, le duc Decazes, le comte de Pontécoulant, le comte de Sainte-Aulaire, MM. Victor Cousin, Laplagne-

Barris, Vincens-Saint-Laurent. Ils décidèrent de se rendre aussitôt dans la cellule de l'accusé.

On leva la séance. Chacun commentait l'événement.

— Savez-vous, dit en sortant le comte de Nocé à M. Victor Hugo, que ce malheureux Praslin avait fait du feu pour brûler sa robe de chambre?

— Il avait quelque chose à brûler, répondit le poète. Ce n'était pas sa robe de chambre, c'était sa cervelle.

Là-haut, dans la prison, se déroulait une des scènes les plus tragiques de ce drame. Les membres de la Commission, accompagnés de M. Cauchy, greffier, et de M. Henri Morice, secrétaire, procédaient à l'interrogatoire du prisonnier.

On l'avait de nouveau tiré de son lit et sommairement enveloppé de sa robe de chambre brune. On le fit asseoir devant la table autour de laquelle s'étaient groupés les nobles Pairs. Il était déjà presque méconnaissable. Ses cheveux en désordre retombaient sur son front livide. Ses prunelles fuyantes roulaient dans ses orbites cerclées de plomb. Des deux mains il s'accrochait au fauteuil dans lequel on l'avait installé. On se demandait à chaque instant s'il n'allait pas tomber foudroyé.

Cependant, le duc Pasquier, implacable, l'interrogeait :

— Vous savez le crime affreux qui vous est imputé. Vous connaissez toutes les circonstances qui ont été mises sous vos yeux et qui ne permettent pas l'apparence d'un doute. Je vous engage à abréger, en avouant, la fatigue que vous paraissez ressentir. Car vous ne pouvez pas nier. Vous n'oseriez pas nier ?

— La question est bien précise, répliqua le Duc avec peine. Mais je n'ai pas la force de répondre... Cela demanderait de bien longues explications.

— Non ! Il suffit d'un oui ou d'un non.

— Il faut une grande force d'esprit pour répondre un oui ou un non, une force immense que je n'ai pas.

— Il n'y aurait pas besoin de grandes explications...

— Je répète qu'il faudrait une force d'esprit que je n'ai pas.

Le duel était engagé. Il allait se prolonger ainsi sans résultat. Soutenu par son indomptable orgueil, le duc de Praslin luttait à la fois contre le poison et contre ses remords. Écrasé de souffrances, tenaillé plus durement que sur le chevalet, il se raidissait pour empêcher un oui de sortir de ses lèvres desséchées, mais il ne pouvait dire non. Sa houppelande sans collet, sa chemise entr'ouverte laissaient voir sa gorge, que contractait violemment l'arsenic. Et les juges, muets d'horreur, lisaient sur son front et dans son regard le signe mystérieux de Caïn.

Mais le Chancelier reprenait :

— A quelle heure avez-vous quitté vos enfants la veille du crime ?

— Dix heures et demie... Onze heures moins un quart.

— Qu'avez-vous fait en les quittant ?

— Je suis descendu dans ma chambre et je me suis couché.

— Avez-vous dormi ?

Le Duc, après un affreux soupir :

— Oui...

M. Pasquier crut pouvoir aller plus avant :

— Votre résolution était-elle arrêtée quand vous vous êtes couché ?

L'accusé se déroba :

— Non...

Puis, craignant d'en avoir trop dit :

— D'abord, je ne sais pas si cela peut s'appeler une résolution.

— Quand vous vous êtes réveillé, quelle a été votre première pensée ?

— Ah ! s'écria le misérable, je demanderais que vous me rendissiez la vie... que vous interrompissiez cet interrogatoire !

Il respira violemment, balbutiant qu'il ne voyait plus, qu'il n'entendait plus, qu'il n'avait plus d'idées. Mais le vieux Chancelier ne cédait pas. Il reprenait sur le même ton calme et impitoyable :

— Quand vous êtes entré dans la chambre de madame de Praslin, vous ne pouviez pas ignorer que toutes les issues autour de vous étaient fermées, que vous seul pouviez y entrer ?

— J'ignorais cela.

— Vous êtes entré plusieurs fois, ce matin-là, dans la chambre de madame de Praslin. La première fois que vous y êtes entré, elle était couchée ?

— Non, protesta le Duc devinant le piège. Elle était malheureusement étendue par terre !

— N'était-elle pas étendue à la place où vous l'auriez frappée pour la dernière fois ?

— Oh ! rugit l'accusé, comment m'adressez-vous une pareille question ?

— Parce que vous ne m'avez pas répondu tout d'abord, répliqua sèchement le Chancelier.

Puis, brusquement, changeant de terrain d'attaque :

— D'où viennent les égratignures que j'aperçois à vos mains ?

— Je me les étais faites la veille en quittant Vaux-le-Vicomte... en faisant mes paquets avec madame de Praslin.

— D'où vous vient cette morsure que j'aperçois à votre pouce ?

— Ce n'en est pas une.

— Les médecins qui vous ont visité ont déclaré que c'était une morsure.

Ici, le Duc défaillit sous un spasme :

— Épargnez-moi ! gémit-il, ma faiblesse est extrême...

Mais M. Pasquier ne cédait pas.

— Vous avez dû éprouver un moment bien

pénible, quand vous avez vu, en entrant dans votre chambre que vous étiez couvert de ce sang que vous aviez versé, et vous vous êtes efforcé de le laver.

— On a bien mal interprété ce sang... Je n'ai pas voulu paraître devant mes enfants avec le sang de leur mère...

Il haletait. Le duc Pasquier lui dit avec douceur :

— Vous êtes bien malheureux d'avoir commis ce crime ?

Mais M. de Praslin ne répondait pas. Il renversait violemment sa tête sur le dossier du fauteuil, il fermait les yeux. De sa gorge resserrée sortait une espèce de râle. On crut qu'il allait trépasser. Et l'un des témoins de ces minutes atroces a noté :

« On avait froid. On sentait qu'on était en présence d'un autre tribunal, bien au-dessus de toutes nos justices ordinaires, de notre Cour des Pairs, qu'on allait entendre un jugement qui ne tarderait pas à être exécuté. »

Le Chancelier de France n'avait pas bougé. A la respiration un peu plus calme de l'accusé, il connut qu'il pouvait poursuivre. Il reprit :

— N'avez-vous pas reçu de mauvais conseils qui vous auraient poussé à ce crime ?

Avec quel cœur le Duc retrouva son souffle pour défendre Henriette ! Il s'écria :

— Je n'ai pas reçu de conseils ! On ne donne pas de conseils pour une chose pareille !

— N'êtes-vous pas dévoré de remords ? reprit la voix infatigable. Ne serait-ce pas pour vous une sorte de soulagement d'avoir dit la vérité ?

Mais le Duc était exténué de nouveau :

— La force me manque complètement aujourd'hui, murmura-t-il.

— Vous parlez sans cesse de votre faiblesse ! Je vous ai demandé tout à l'heure de me répondre par oui ou par non.

— Ah ! geignait l'empoisonné, si quelqu'un pouvait me tâter le pouls, il jugerait bien de ma faiblesse !

— Vous avez eu tout à l'heure assez de force pour répondre à un assez grand nombre de questions de détail que je vous ai adressées : la force ne vous a pas manqué pour cela.

Mais M. de Praslin semblait incapable d'articuler la moindre parole. Son œil était devenu fixe et regardait ailleurs. Alors le Chancelier :

— Votre silence répond pour vous que vous êtes coupable.

Il se réveilla pour répondre :

— Vous êtes venu ici avec la conviction que j'étais coupable. Je ne puis pas la changer.

— Vous pourriez la changer, si vous nous donniez des raisons pour croire le contraire, si vous expliquiez autrement ce qui semble ne pouvoir s'expliquer que par votre criminalité.

— Je ne crois pas pouvoir changer cette conviction dans votre esprit.

Il se tut un long moment, porta la main à son cou tuméfié :

— Il est au-dessus de mes forces de continuer, gémit-il d'une voix rauque.

Résisterait-il donc à la torture jusqu'au bout ? M. Pasquier revint encore à la charge :

— Quand vous avez commis cette affreuse action, demanda-t-il, pensiez-vous à vos enfants ?

L'accusé fit un effort suprême pour répondre :

— Le crime, je ne l'ai pas commis ! — Quant à mes enfants... c'est chez moi une préoccupation constante.

— Osez-vous dire affirmativement que vous n'avez pas commis ce crime ?

Le Duc poussa un gémissement et cacha sa tête dans ses bras qu'il avait appuyés sur la table. Puis, il eut peur de son silence ; il se souleva et dit :

— Je ne puis pas répondre à une pareille question.

— Monsieur de Praslin, reprit le Chancelier, vous êtes au supplice, et, comme je vous le disais tout à l'heure, vous pourriez peut-être adoucir ce supplice en me répondant...

Mais le prisonnier se tordait sous la douleur :

— Ayez pitié de moi ! suppliait-il. Je n'en puis plus ! Suspendez cet interrogatoire... Remettez-le à un autre jour...

Visiblement, il était à bout de forces. Les Pairs, inquiets, regardaient le terrible aveugle qui les présidait, et qui aurait tant voulu obtenir des aveux. Un simple oui, et toute sa politique triomphait. Le crime était avéré, et il n'y avait plus qu'à attendre le châtiment qui ne pouvait tarder beaucoup.

Mais il fallait renoncer à ce oui ; pour aujourd'hui du moins.

Il se leva. Ses collègues le suivirent. Ils abandonnèrent le Duc aux mains attentives et cruelles des médecins.

Qu'il eût avoué ou non, peu importait, en somme : un aveu tacite résultait de son empoisonnement que l'on ne pouvait plus dissimuler sous peine de laisser croire à la complicité de la Cour des Pairs.

En effet, l'état du malade empirait d'heure en heure. Quand on l'eut recouché, après l'interrogatoire, le docteur lui trouva le pouls petit, fréquent, filiforme, le ventre météorisé, les extrémités froides ; son oppression était extrême, et il ne pouvait plus rien évacuer.

Aucun doute n'était plus possible. Le docteur Reymond avait fini par faire analyser par M. Chevallier, expert-chimiste, l'étoffe maculée du fauteuil qu'on avait employé l'avant-veille. L'appareil de Marsh avait démontré que les taches du siège et du coussin provenaient de l'arsenic.

« Ici, a déclaré un peu naïvement le docteur Rouget, mes doutes se changèrent en certitude : le Duc s'était bel et bien empoisonné. C'est pourquoi j'ordonnai un changement complet de traitement : boissons adoucissantes et diurétiques,

lavements avec décoction de guimauve et de
pavot, embrocations avec l'huile d'amandes
douces camphrée, fomentations émollientes, lait
coupé, etc. »

Mais, au bout de trois jours d'intoxication,
tout ceci pouvait-il être autre chose qu'un simu-
lacre vainement doctoral ? Le Duc n'avait plus
qu'à payer son crime.

Déçue de ce côté, la Commission des Pairs se
retourna contre sa complice qu'elle était bien
disposée à sacrifier sans regrets à la vindicte publique. Le surlendemain, ces messieurs firent
comparaître devant eux mademoiselle Deluzy.

En vérité, là encore, les éléments décisifs de la
culpabilité manquaient. Après de longues recherches, on avait fini par mettre la main sur la
correspondance du Duc et de l'institutrice, correspondance que M. de la Berge avait soigneusement cachée dans un des livres de sa bibliothèque. Mais qu'y avait-il dans ces lettres que
l'on attendait avec une impatience assez féroce ?
Pas même la preuve tangible de l'adultère. L'a-
mour coupable et passionné palpitait entre toutes
les lignes : il ne s'inscrivait dans aucune. Le Duc
y apparaissait toujours le même, étroit, borné,
dissimulé, et c'était tout.

Quant à Henriette, elle était beaucoup trop
fine pour le livrer — ce qui équivalait, d'ailleurs,

à se livrer elle-même. Elle ne varia pas dans ses dires, et ses réponses coïncidèrent exactement avec celles qu'elle avait déjà formulées aux questions de MM. Boucly et Broussais. Seulement, par moments, sa naturelle perfidie féminine l'incitait à lancer des traits empoisonnés contre sa rivale, à tenter d'excuser l'assassinat par les défauts intolérables de la victime.

M. Pasquier souligna cette habitude périlleuse :

— A la fin de toutes vos réponses, il y a toujours un tort pour madame de Praslin, remarqua-t-il sèchement.

L'institutrice sentit qu'elle était allée trop loin. Elle fondit en larmes :

— Ah ! s'écria-t-elle, je voudrais pouvoir ne pas dire ce que j'ai été obligée de dire... Elle est morte !... Je voudrais pouvoir racheter sa vie au prix de la mienne... non, pas même au prix de la mienne, mais au prix des tortures les plus horribles !... Mais qui a vu comme moi, pendant six années, les replis de cette existence ? Qui peut dire cette versatilité extraordinaire, incompréhensible, qui faisait passer madame de Praslin de la colère à la gaieté, du dédain à la douceur, de l'ironie à la bienveillance ?... Je vous assure que je sens mon rôle bien pénible... Oh ! nulle part, excepté devant vous, je n'aurais proféré d'autres paroles que celles du respect, de la vénération et du regret !... Oh ! je ne me défends pas, mais je tâche d'éclairer.

Il fallut clore cette séance inutile. Les Pairs écoutaient Henriette en silence, subjugués par cette souplesse féminine qui se justifiait en ayant l'air de s'accuser. Il était vraisemblable que l'institutrice n'avait pas joué le rôle atroce que lui donnait l'esprit simpliste de la foule ; elle avait peut-être suggéré des crimes, mais elle n'y avait jamais songé. Aucun ne pensait déjà plus à la punir. Victor Cousin, surtout, ses grands cheveux rejetés en arrière, les yeux vifs, ne se lassait pas de l'entendre.

Le surlendemain, en sortant de l'Académie, il disait à Victor Hugo :

— Vous verrez cette mademoiselle Deluzy... C'est une femme rare. Ses lettres sont des chefs-d'œuvre d'esprit et d'excellent langage. Son interrogatoire est admirable : encore vous ne le lirez que traduit par Cauchy. Si vous l'aviez entendue, vous seriez émerveillé. On n'a pas plus de grâce, plus de tact, plus de raison. Si elle veut bien écrire quelque jour pour nous, nous lui donnerons, pardieu, le prix Montyon. Dominatrice, du reste, et impérieuse. C'est une femme méchante et charmante.

— Ah ! çà, est-ce que vous en êtes amoureux ? lui demanda Victor Hugo.

— Hée ! fit-il.

CHAPITRE V

Le dimanche 22 août, à six heures du matin, la dépouille mortelle de madame la duchesse de Praslin, accompagnée de quelques prêtres et de religieuses de trois communautés dont elle était dame patronnesse, fut transportée dans les caveaux de la Madeleine.

Dès la veille, les grilles de l'église, dont on achevait la construction, avaient été soigneusement fermées. A l'arrivée du pauvre corps martyrisé, une messe fut célébrée, en présence des oncles de la victime, le duc de Coigny et le général Sébastiani, et de quelques parents. Mais les obsèques solennelles n'eurent lieu que le lendemain à huit heures.

La vaste et froide enceinte, au milieu de laquelle avait été dressé un grand catafalque sans armoiries, était entièrement tendue de noir. Le service fut très simple ; mais une foule énorme

et recueillie se pressait à cette tragique cérémonie funèbre. Leurs Majestés et la famille
royale, qui, le lendemain, devaient faire célébrer une messe de *Requiem* pour la duchesse
dans la chapelle du château d'Eu, étaient re-
présentées par plusieurs aides de camp ; les
Ministres de l'Intérieur, de la Justice, des Travaux publics, des Finances étaient là, ainsi que
le Chancelier Pasquier, le duc Decazes, le Préfet
de Police ; puis les Choiseul, les Schnickler,
dont une fille avait épousé le comte Edgar, les
Broglie, tout le faubourg Saint-Honoré et le
faubourg Saint-Germain.

Seul, le maréchal Sébastiani manquait. On
avait attendu son retour en vain. En effet, arrivé
à Lyon avant le drame, il s'y était trouvé souffrant, et, au lieu de filer sur la Corse, s'était
orienté vers la Suisse pour achever d'y passer
l'été. C'est donc sur Genève et Lausanne que
Louise de Praslin avait été orientée à sa pour-
suite ; mais là une nouvelle déception : l'indis-
position du Maréchal n'avait été que passagère ;
il avait décidé de reprendre son voyage et de se
diriger sur Nice. Quand le ramènerait-on à
Paris ? Il ignorait encore le malheur qui l'avait
frappé !

Dans l'église, froide et emphatique, que dra-
pait le crêpe, cette tristesse s'ajoutait à la
consternation générale. Certes, absorbée par les
soins de sa famille, la Duchesse n'était pas
très répandue dans le monde ; mais on savait

quelles étaient ses qualités d'esprit et de cœur, son inépuisable charité : les pauvres, pour ainsi dire, jouissaient avec elle de sa grande fortune. Aussi bien à Paris que dans ses terres, elle méritait son pieux surnom : Notre-Dame de Praslin ! Maintenant, on connaissait son effroyable mort, cette dernière et atroce tragédie, qui eût arraché des larmes aux plus indifférents... Et les lugubres accents du *Dies iræ*, montant du lutrin, n'arrivaient pas à en égaler la dramatique horreur.

Après la cérémonie, le cercueil drapé de noir, couvert de fleurs, fut descendu dans les caveaux de la Madeleine, en attendant le retour du Maréchal, qui devait fixer le lieu de l'inhumation. Et les *Débats* imprimèrent le lendemain :

« Madame de Praslin adorait sa famille. Elle était la consolation de son père, l'exemple de tous ceux qui l'approchaient. On l'aimait, on la vénérait. Quel vide dans la société ! Quel deuil éternel dans le cœur de ses amis ! »

Les dispositions testamentaires laissées par la Duchesse confirmaient, d'ailleurs, tout ce que l'on chuchotait des origines du drame. Dans un premier testament, daté de 1841, elle parlait encore de M. de Praslin dans les termes les plus affectueux, et lui léguait l'usufruit de sa magnifique fortune qui atteignait dix millions et demi ; mais le second testament, qu'elle avait rédigé en 1846, montrait combien, à cette époque, le ménage était brisé. Le Duc ne recevait qu'une partie du mobilier et la simple jouissance du Vaudreuil. Les diamants de la morte, vendus et remployés en rentes sur l'État, devaient servir à acheter plus tard — capital et intérêts réunis — les parures les plus splendides pour la future fiancée de Gaston de Praslin... Et tous ces derniers arrangements étaient marqués de la sollicitude la plus maternelle, comme de l'éloignement le plus décisif d'un indigne époux.

Celui-ci, d'ailleurs, n'avait plus à convoiter une succession. Les médecins, MM. Andral et Louis, avaient reparu à son chevet le dimanche matin. Ils avaient approuvé avec beaucoup de sérieux le traitement nouveau de M. Rouget, et y avaient ajouté, pour montrer leur science, de l'eau gommée, de l'eau de poulet, de la glace, et quelques doses de nitrate de potasse dans de la tisane de chiendent, pour essayer d'éliminer le poison par les urines. En effet, le grand mot avait été enfin prononcé : la Faculté avait bien voulu reconnaître le fait de l'empoisonnement ! M. Chevallier l'avait affirmé solennellement au Chancelier, et se faisait fort de le lui démontrer, — comme si ce dernier en avait eu besoin ! La comédie judiciaire et médicale continuait, au milieu des murmures et des grondements de Paris.

D'ailleurs, le Duc était certainement perdu. Un feu intérieur le dévorait ; et les constrictions spasmodiques de sa gorge étaient telles que, malgré la soif incoercible qui le tourmentait, il refusait de boire, pour éviter les douleurs atroces de la déglutition.

Le soir, on essaya de lui donner un bain et de lui appliquer des sangsues. Il tomba en syncope. Mais cela ne découragea pas ses terribles soigneurs, qui, le lendemain 23 août, après une abominable nuit d'insomnie recommencèrent le même traitement, sans aucun succès. Alors ils lui appliquèrent des sinapismes. Il est incontestable que la guillotine eût été plus clémente, et si le public eût pu voir ce qui se passait dans la prison du Luxembourg, il n'eût plus réclamé l'échafaud.

La Commission des Pairs dut constater que, depuis deux jours, le mal avait accompli des progrès énormes. L'accusé n'était plus que l'ombre de lui-même. Cette fois, réellement, il ne pouvait plus articuler une parole. Des spasmes, des sanglots, c'était tout. Il arrivait à la troisième et dernière période de l'intoxication, celle où le malade est en proie au délire, perçoit vaguement que ses sens s'obscurcissent et qu'il se refroidit peu à peu. Rien de plus classique ; et pour convaincre ceux qui doutaient encore, M. Chevallier jeta sur des charbons ardents un petit globule d'arsenic métallique qu'il avait extrait des déjections : une vapeur abondante et une odeur alliacée s'en dégagèrent avec une telle force qu'il fallut ouvrir aussitôt portes et fenêtres pour aérer la pièce.

On ne pouvait plus se forger d'illusions. Le

mardi matin, après une nuit secouée de souffrances plus aiguës que jamais, M. de Praslin vit arriver le duc Decazes.

Le Grand Référendaire tentait auprès de lui une démarche personnelle. Il entra dans cette chambre, où le criminel, gardé à vue, agonisait. Il s'approcha, congédia tous les assistants, pencha sur le lit sa figure longue et fine, au front chauve, aux yeux vifs et fureteurs :

— Vous souffrez beaucoup, mon cher ami, dit-il, d'un ton compatissant.

— Oui, répondit M. de Praslin, dans un souffle.

— C'est de votre faute ! Pourquoi vous êtes-vous empoisonné ?

Et comme le Duc ne répondait rien :

— Vous avez pris du laudanum ?

— Non.

— Alors, vous avez pris de l'arsenic ?

Le malade leva la tête, et fit un signe affirmatif :

— Qui vous a procuré cet arsenic ?

Le Duc avait mal vécu ; il voulait bien mourir. Il ne trahirait pas le secret de sa caste. Cela seul survivait en lui :

— Personne, dit-il.

— Comment cela ? Vous l'avez acheté vous-même chez le pharmacien ?

Le pharmacien ! Ce n'était pas de M. Marcotte qu'il allait être question sans doute ?

— Je l'ai apporté de Praslin, répondit le Duc.

La réponse était acceptable, car il y avait de l'arsenic au château de Vaux, pour les besoins domestiques et la pratique des arts ; les perquisitions l'avaient déjà démontré.

Après un lourd silence, le Grand Référendaire reprit :

— Ce serait le moment de parler, pour vous, pour votre nom, pour votre famille, pour votre mémoire, pour vos enfants. S'empoisonner, c'est avouer. Il ne tombe pas sous le sens qu'un innocent, au moment où ses neuf enfants sont privés de leur mère songe à les priver aussi de leur père. Vous êtes donc coupable ?

Mais le Duc, exténué, ne soufflait plus mot.

— Au moins, déplorez-vous votre crime ? supplia M. Decazes. Je vous en conjure, dites-moi si vous le déplorez !

Alors, l'accusé, levant les yeux et les mains au ciel, gémit avec une angoisse inexprimable :

— Ah ! si je le déplore !...

— Alors, avouez ! Est-ce que vous ne voulez pas voir le Chancelier ?

M. de Praslin sembla faire un violent effort. Il tourna ses yeux déjà vitreux vers le Grand Référendaire, et répondit :

— Je suis prêt.

— Eh bien, je vais le prévenir, dit M. Decazes en se levant.

— Non, non, supplia le moribond. Je suis trop faible aujourd'hui... Demain... Dites-lui de venir demain...

Cependant un autre juge se préparait à entendre les aveux du criminel. Appelé dès le matin en l'absence du curé de Saint-Sulpice, M. l'Abbé Martin de Noirlieu, curé de Saint-Jacques du Haut-Pas, venait apporter à l'agonisant les secours de son ministère. Il apparut sur le seuil. A son tour, il s'installa au chevet de M. de Praslin, essaya de pacifier cette âme misérable à l'aide de la charité de Jésus-Christ. Jusqu'à onze heures et demie, il s'entretint avec le Duc, et promit de revenir pour lui donner l'Extrême-Onction.

Averti par M. Decazes de l'imminence d'une issue tragique, le Chancelier gravit à son tour les deux étages de la prison. Il se plaça avec M. Cauchy en face du mourant. De ses yeux presque éteints, il contemplait vaguement ce malheureux auquel tout échappait en même temps, qui se tordait dans une double agonie, qui avait le poison dans le ventre et le remords dans l'esprit. Il repoussait tout et se rattachait à tout. Parlerait-il avant d'expirer ? On ne pouvait guère y croire. Son regard farouche était encore trop luisant d'orgueil. Par moments, il se mordait les mains avec angoisse, il regardait M. Pasquier, il semblait à la fois demander à vivre et demander à mourir.

Le sacrement parut le calmer un peu. Le curé de Saint-Jacques du Haut-Pas, assisté de son vicaire, l'Abbé Bourgoing, le lui administra, tandis que le vieux Chancelier s'agenouillait à la tête du lit dans le plus profond recueillement et que son greffier en faisait de même à l'autre extrémité. MM. Morice et Trevet, le directeur de la prison du Luxembourg, assistaient, eux aussi, à cette scène lugubre.

Lorsque l'Abbé de Noirlieu eut achevé les onctions et les prières, le Duc se tourna vers lui :

— Que de bien vous m'avez fait ! soupira-t-il d'une voix exténuée. Laissez-moi, je vous prie, ce petit crucifix... Vous le remettrez à ma mère après ma mort...

Le vénérable prêtre accéda à ce désir ; dans l'antichambre, il se pencha vers M. Pasquier qui l'accompagnait jusqu'à la porte :

— M. de Praslin, lui dit-il, a le plus grand respect pour vous... S'il veut faire des aveux, il ne les fera qu'à vous.

Le Chancelier reprit donc son poste dans la chambre. Mais l'heure était passée de telles velléités de confessionnal. Le mourant gardait le silence, quoique secoué de spasmes, tenaillé de crampes, assailli d'hallucinations. L'arsenic est de ces poisons qui doublent les forces de la dernière heure et surexcitent la vie en la dévorant. Attentif au moindre souffle, toutes ses facultés rivées sur ce lit de douleur, le vieux ministre se disait que, dans toute son existence si longue et si ballottée, il n'avait jamais assisté à une pareille agonie.

A quatre heures moins dix, le râle commença. Le corps de M. de Praslin subit de terribles contractions. Il se repliait presque sur lui-même et se réduisait aux proportions d'un adolescent.

Le docteur Rouget s'avança :

— C'est l'agonie, fit-il à mi-voix.

Alors, M. le duc Pasquier se leva en tremblant, il se rapprocha du misérable, tout défiguré, et lui dit :

— Par pitié pour vous-même, avouez !... Êtes-vous coupable ?

M. de Praslin se souleva dans un effort suprême, considéra avec terreur cette face morte, ces prunelles sans vie, et répondit d'une voix à peine perceptible :

— Non.

Ce fut un moment effrayant. Il avait en même temps le mensonge sur les lèvres et la vérité dans les yeux. Puis, il retomba lourdement sur sa couche. A quatre heures trente-cinq minutes exactement, il avait cessé de vivre.

On le déposa sur un lit de deuil, ayant auprès de lui un Christ entre deux cierges allumés. Un sacristain veillait la lugubre dépouille.

Quelques instants après, M. Boucly vint dresser le procès-verbal du décès, et, le soir même, avant sept heures, M. Duchâtel, ministre de l'Intérieur, envoyait au Roi la dépêche suivante :

Sire,

M. de Praslin est mort ce soir, à 4 h. 35. Quelques instants avant sa mort, le Chancelier était venu dans sa chambre avec le curé de Saint-Jacques-du-Haut-

Pas. Nous prenons toutes les précautions pour qu'il n'y ait pas d'agitation dans la population.

Je supplie le Roi de daigner agréer l'hommage de mon profond respect.

La dernière précision de cette missive n'était pas inutile : l'issue de l'histoire tragique qui avait ému la capitale allait soulever une explosion nouvelle de mécontentement. La presse, *le National*, en tête, y trouvait l'occasion de critiquer violemment le pouvoir. Après avoir exploité le crime contre les classes supérieures, on exploitait le châtiment contre la Pairie et la Monarchie. Il était facile de soutenir que le poison avait été glissé dans la main du coupable, sinon avec la complicité, du moins grâce à la tolérance de l'autorité : ainsi était-on arrivé à soustraire à l'échafaud la tête et le sang d'un aristocrate !

Il apparaissait donc maintenant, avec un certain éclat, que la solution poursuivie par M. Pasquier n'était pas aussi habile qu'on avait pu le croire au premier abord. M. Molé, à ce sujet, écrivait à Victor Cousin le 25 août :

De ma vie je n'ai reçu une impression comparable à celle que m'a causée ce forfait. Est-il vrai que, faute de surveillance, il a avalé chez lui un poison dont sa santé et ses forces se ressentent malgré les remèdes qu'on lui a fait prendre ? Dites et répétez tous les jours au Chancelier et au Grand Référendaire que ce serait un malheur public, si ce monstre échappait par une mort volontaire au sort que lui réservent les lois. Jamais, l'*égalité* devant elles n'a été plus nécessaire à maintenir. La morale, la justice, la politique sont ici parfaitement d'accord.

Et il terminait ainsi :

Je reçois de Paris des lettres qui me disent qu'on est révolté de ce qu'on a laissé, par négligence ou autrement, le Duc de Praslin s'empoisonner.

M. Molé avait beaucoup de bon sens ; mais ses avis étaient tardifs. Il ne s'agissait plus maintenant que de se tirer le moins mal possible de cette pénible situation.

Le 25 août, à cinq heures du soir, une troupe de médecins, commis par le Chancelier, pratiquèrent l'autopsie du Duc. Il y avait là le célèbre Orfila, qui, sept ans auparavant, avait conclu, au cours d'un procès retentissant, contre madame Lafarge, MM. Ambroise Tardieu, Andral, Louis, Rouget et Chayet, car il était dit que, dans cette affaire, on verrait constamment apparaître de nouveaux docteurs. Ils opéraient en présence de MM. Boucly, procureur du Roi, et Legonidec, juge d'instruction. Cette imposante consultation après tant d'autres, avait pour but de répondre de façon péremptoire aux bruits d'évasion et de faux décès qui commençaient à courir Paris. On sait, d'ailleurs, que ce fut absolument inutile.

La cellule mortuaire étant trop étroite, on transporta le cadavre dans l'antichambre qui la précédait. Quand il fut étalé sur la table, il avait retrouvé sa souplesse et sa grandeur. Ses muscles contractés s'étaient détendus. Il se retrouvait tel qu'il avait été jadis.

— Quel magnifique athlète ! dit le docteur Louis.

En vérité, si le M. le duc de Praslin ne s'était pas livré aux morsures du poison, il était bâti pour vivre cent ans. Mais il n'y avait pas à ergoter : on reconnaissait les traces de l'arsenic dans une lésion du cœur et sept escarres de l'estomac. Seul, le cerveau en était demeuré parfaitement indemne.

Les viscères furent recueillis dans des vases fermés par le sceau du procureur du Roi et portés au laboratoire de la Faculté de Médecine, aux fins d'un examen plus détaillé ; il y fut procédé deux jours plus tard.

Le rapport qui fut signé par les médecins après ces diverses opérations avait un but précis : démontrer *urbi et orbi* que l'empoisonnement du Duc avait eu lieu avant son arrestation et son transfert au Luxembourg. Pour cela, il insistait sur ce fait que l'arsenic avait pénétré jusqu'au foie, organe qui résiste longtemps et ne se laisse envahir qu'après une action de plusieurs jours : or, un tiers de ce viscère, détruit par le nitrate de potasse, avait donné, par l'appareil de Marsh, l'anneau arsenical et une énorme quantité de taches ; un autre tiers, détruit par le chlore, avait produit des flots d'arsenic. Au contraire, les matières qui remontaient seulement à l'époque de l'internement, n'avaient rien fourni par l'ébullition de l'eau.

Tout ceci, d'ailleurs, n'était pas exempt de critiques : on avait vu pendant trois jours les premiers médecins de Paris confondre une intoxication arsénicale avec une gastro-entérite, voire même avec le choléra. Ceux-ci répondaient par des arguties pédantesques ; ils essayaient de se couvrir par une des erreurs à la mode, en prétendant que l'acide arsénieux était un irritant et qu'on le reconnaissait vite à ce qu'il brûlait et corrodait les tissus avec lesquels il était en contact. Or, rien ne s'était produit de ce genre dans le cas de M. de Praslin... Mauvaises raisons dont la subtilité échappait complètement au vulgaire et qui confirmait tous ses soupçons : on avait voulu éviter au coupable le châtiment public qu'il avait mérité !

Aussi, pour empêcher tout désordre, se résolut-on à ensevelir le criminel avec le plus grand secret.

Dans la nuit du 27 au 28 août, à minuit et demi, lorsque le quartier de Vaugirard fut bien silencieux et solitaire, un des fourgons de poste de l'entreprise des Pompes Funèbres fut introduit par la grille de la rue de Fleurus dans le jardin du Luxembourg. Il le traversa dans toute sa longueur et s'arrêta devant la porte intérieure de la prison de la Cour.

Dans la geôle, une troupe d'hommes de police s'agitait : le colonel Pozac, commandant militaire du Palais, MM. Élouin, Trevet et Monvalle, commissaire de police du quartier du Luxembourg. Ils s'assuraient une fois de plus de l'identité du cadavre, que quatre employés des Pompes Funèbres roulèrent dans un linceul et placèrent dans un cercueil en bois de chêne portant sur une étiquette de plomb le simple numéro 1054. Pas de prêtre. Pas de prière. Un enfouissement clandestin.

M. Monvalle dressa un procès-verbal que les assistants signèrent. Puis on se mit en route par la rue de Vaugirard, la barrière du Maine et le boulevard extérieur jusqu'au cimetière Montparnasse. Nuit claire et vide et sans bruit. Le fourgon, suivi d'une voiture qui contenait les policiers, et escorté en avant et sur les côtés par une troupe de sergents de ville, n'attira l'attention de personne. Le quartier était désert, et c'est à peine si l'on croisa deux ou trois voitures encore somnolentes, conduites par des maraîchers des banlieues.

On parvint au cimetière du Sud. La porte sembla s'ouvrir comme par enchantement. Le gardien, un vieux soldat de l'Empire, salua militairement dans l'ombre. Le convoi défila en silence. Les voitures roulèrent dans les allées mornes et mystérieuses, au milieu des tombes que blanchissait la lune déclinante. Tout à coup le cortège s'arrêta.

— Qu'est-ce ? demanda M. Elouin.

— Regardez ! dit le cocher avec un geste d'effroi.

Les policiers, la tête à la portière, examinèrent les alentours. Ceux-ci n'avaient rien de rassurant. Les sergents de ville s'étaient évanouis dans l'ombre, et, à cinq cents mètres, un étrange spectacle se profilait sur la nuit. Au milieu du chemin, un groupe de sombres figures que l'une d'elles, plus haute, dominait ; et, chose plus bizarre encore, cet être gigantesque et inconnu dardait deux regards vitreux qui semblaient guetter la venue du cortège.

Que signifiait cette démonstration inattendue ? Voulait-on, par hasard, dérober le corps du criminel ? Les policiers ne savaient que penser ? Ils frissonnèrent. Il leur fallait poursuivre cependant et accomplir leur mission.

— Allez ! cria M. Monvalle au cocher, et pressez le trot des chevaux !

Les voitures roulèrent de nouveau. Aux portières, M. Elouin et le commissaire de police ne quittaient pas des yeux le fantôme aux yeux verts dont la tête semblait s'agiter.

Tout à coup, une voix bonasse et endormie sortit d'un massif :

— C'est ici, disait-elle.

Un des fossoyeurs était là, parfaitement indifférent, auprès d'une tombe fraîchement ouverte. Il ne savait même pas quel cadavre on apportait. Son camarade apparut pour l'aider. A quelques pas leurs lanternes avaient été fixées par eux, pour montrer le chemin, sur une pierre funéraire plus grande que les autres, et ornée d'acanthes découpées à jour. D'autres stèles, dressées sur le bord de l'allée avaient pris de loin l'allure d'une foule... Il n'y avait vraiment pas de quoi s'inquiéter.

On descendit la dépouille mortelle de M. de Praslin dans la terre, auprès du poteau indicatif de la quatrième division. Un trou, plus rien. Ce n'est que quelques jours plus tard que l'on plaça sur cette tombe tragique d'un chevalier d'honneur de la duchesse d'Orléans une pierre sans nom, creusée d'une croix dans toute sa longueur.

Le lundi suivant, 30 août, à une heure un quart de l'après-midi. Encore la grande salle des séances de la Cour des Pairs. Il y a là MM. Villemain, Cousin, Thénard, Hugo, quelques généraux, entre autres Fabvier, avec sa face de lion camard ; quelques premiers présidents, entre autres Barthe, l'ancien avocat des sergents de la Rochelle ; et aussi le comte de Bondy qui ressemble au duc de Praslin, — mais en mieux.

On cause avec animation. Le criminel enterré, l'affaire judiciaire est finie. Sa mort éteint les poursuites, et il n'y a qu'à laisser la juridiction ordinaire reprendre l'instruction contre Henriette. Mais il a été indispensable de réunir la Cour, afin qu'elle prenne une attitude ferme et digne, en face des murmures de l'opinion. De plus en plus l'aristocratie se perd. Alfred de Mon-

tesquiou vient de se suicider. Le Prince d'Eckmühl a été arrêté comme vagabond et interné
chez les fous pour avoir lardé sa maîtresse.
Barthe, en sa qualité de vieux Carbonaro, est le
plus excité :

— Il faut relever la Chambre des Pairs, s'é-
crie-t-il. Il faut lui rendre le peuple sympathique
en la rendant sympathique au peuple !

Ce charabia de réunion publique ne sauvera
pas une institution qui n'a plus que six mois à
vivre.

A deux heures, par cette morne journée d'été,
on ouvre la séance en présence d'une soixantaine
de membres. Le chancelier préside, ayant à sa
droite le Grand Référendaire et à sa gauche le vicomte de Pontécoulant. Il est visiblement fatigué.

— Je ne sais pas, dira-t-il plus tard, comment
j'ai pu mener cette affaire jusqu'au bout !

Cependant, il parle, récitant le morceau considérable qu'il a préparé pour sa justification.

Il rappelle les faits tout d'abord :

— Le duc de Praslin a succombé sept jours et
demi après le moment où il avait, avec une
atroce barbarie, immolé la plus innocente, la
plus pure, la plus intéressante des victimes.

« La duchesse de Praslin a été assassinée par
son mari, à qui elle avait donné dix enfants dont
neuf sont encore vivants, à qui elle avait apporté, avec tous les dons de la nature, ceux de
l'esprit le plus cultivé, de l'âme la plus élevée,

du cœur le plus aimant... Elle a donc succombé,
cet ange de bonté... Les paroles me manque-
raient, si je voulais rendre devant vous les sentiments qui m'ont été inspirés par les découvertes
que j'ai dû faire durant le cours des recherches si
déchirantes qu'il m'était donné d'accomplir. »

M. Pasquier, après quelques considérations
dans ce goût, aborda le fond de sa harangue :

— Messieurs, dit-il, je n'ai point à vous faire
le rapport d'un procès criminel qui n'est plus à
juger en ce qui nous concernait principalement ;
la mort du coupable, même le plus avéré, éteint
à son égard toutes les poursuites de la justice ;
mais il est un point capital qui ne saurait être
trop approfondi : le rang, la fortune, la situation
dans le monde de M. de Praslin le plaçaient dans
une sphère où la perpétration d'un crime tel que
celui qui vient d'être commis sur la personne de
sa femme semble plus incompréhensible ; mais,
par cela même aussi, l'exemple d'un tel crime,
tombant de si haut, a quelque chose d'effrayant
pour la société tout entière. On ne peut donc
s'empêcher de souhaiter que la réparation fût
aussi éclatante que l'attentat.

Ici l'attention redoubla. Tout le monde suivait
les paroles martelées par le vieil aveugle :

— Jamais, continua-t-il, l'égalité devant la loi
ne pouvait, ne devait être plus hautement, plus
justement réclamée, et vous n'auriez pas failli
au devoir de déduire, dans le jugement de M. de
Praslin, toutes les conséquences de ce principe.

Cependant, il ne manque pas de personnes qui seraient tentées de croire que le désir qu'un tel coupable ne pût être atteint par l'ignominie de la peine qui devait lui être infligée, — comme si l'ignominie dépendait de la·peine, comme si elle n'était pas la suite, la conséquence inévitable du crime lui-même, aussitôt qu'il est constaté ! — que le désir, dis-je, que cette ignominie lui fût épargnée a pu inspirer la pensée de lui fournir les moyens d'y échapper, en se donnant la mort de ses propres mains, et en évitant ainsi de la recevoir par celle de l'exécuteur des hautes œuvres de la justice.

« Voici sur ce point les résultats des recherches les plus approfondies et qui sont confirmées par le rapport des experts, dont les lumières et la sincérité ne sauraient être mises en doute : M. de Praslin (s'il faut en croire les paroles adressées à M. le Grand Référendaire dans la matinée du mardi 24, après la visite des médecins qui venaient de pronostiquer sa mort prochaine) avait apporté de l'arsenic de Praslin, où il en avait toujours pour la destruction des animaux nuisibles, et en avait fait usage sur sa personne dans le cours de la journée du mercredi 18, quand il avait vu qu'il était l'objet des investigations de la justice.

« Il croyait, suivant toutes apparences, que l'effet devait être beaucoup plus prompt qu'il ne l'a été dans la réalité. »

Le Chancelier raconta alors, dans le plus grand

détail, les diverses phases de l'empoisonnement, en s'évertuant à disculper les médecins et en affirmant que jusqu'au samedi soir ils n'avaient pu soupçonner une tentative de suicide, alors que, dès le lendemain de l'assassinat, tout Paris s'en entretenait et que les journaux comme *le Constitutionnel* et *la Gazette des Tribunaux* se voyaient obligés déjà de la démentir !

M. Pasquier, avec un front magnifique, soutenait son système jusqu'au bout. Il concluait :

— Relativement à M. de Praslin, tout est donc avéré, tout est consommé et la justice des hommes n'a plus rien à prétendre sur lui ; mais, dès les premiers moments de l'instruction, la justice ordinaire n'avait pas hésité à faire arrêter, comme soupçonnée de complicité, la demoiselle Deluzy, qui avait été pendant six ans la gouvernante des enfants de M. de Praslin, et qui n'était sortie de sa maison, en quittant ces fonctions que le 18 du mois de juillet dernier. J'ai maintenu cette arrestation en décernant contre mademoiselle Deluzy un mandat de dépôt en vertu duquel elle est encore détenue à la Conciergerie.

« La Cour jugera-t-elle convenable de continuer l'instruction de cette partie de l'affaire, qui lui a été déférée par l'ordonnance du Roi du 18 août, — ou croira-t-elle qu'elle doit s'en dessaisir ? »

Ayant posé cette question, à laquelle la réponse était connue d'avance, il fit un signe. Les huissiers introduisirent MM. Delangle et Boucly, qui

présentèrent un réquisitoire tendant au désiste-
ment de la Cour ; puis ils se retirèrent, laissant
les Pairs délibérer.

— Quelqu'un demande-t-il la parole ? dit
M. Pasquier.

Il pensait que nul ne répondrait. Mais, encore
une fois, le marquis de Boissy se leva :

— Messieurs, commença-t-il par déclarer, j'approuve comme vous ce que vient de dire M. le
Chancelier. Mais l'opinion générale est tout autre.
Elle accuse les Pairs chargés de l'instruction d'a-
voir favorisé l'empoisonnement de l'accusé.

Ce simple mot de vérité souleva une tempête
de réclamations.

— C'est une opinion mal fondée ! cria le comte
de Lanjuinais.

— ... Mais universelle ! riposta M. de Boissy.

— Non, non ! criaient les Pairs.

L'orateur ne se laissa pas démonter.

— J'insiste, continua-t-il, pour qu'il soit établi
qu'aucune responsabilité de l'empoisonnement
ne revient à M. le Chancelier, ni aux Pairs instructeurs, ni à la Cour.

M. Pasquier répondit avec assez de raideur :

— Le doute ne peut exister dans l'esprit de
personne. Le procès-verbal d'autopsie éclaircit
complètement la question.

— En tout cas, ajouta M. Cousin, il est parfaitement prouvé que le Duc s'était déjà empoisonné, lorsqu'il a été appréhendé par la Cour des
Pairs. Je partage la sollicitude de M. de Boissy,

mais je ne la crois pas motivée. Si, au début, les précautions prises par la magistrature n'ont pas été suffisantes, la Cour ne saurait en être responsable.

M. Barthe allait venir à la rescousse, quand, du haut du siège, le duc Decazes prit la parole pour confirmer cette opinion :

— De tous les faits consignés aux procès-verbaux, déclara-t-il, il ressort clairement la certitude que le duc de Praslin n'a pas pu absorber de poison depuis qu'il a été transféré dans la maison de justice du Luxembourg, dont la police, du reste, entièrement étrangère à la Chambre des Pairs, appartient à la même administration que celle des autres prisons du royaume. En supposant qu'une nouvelle enquête pût être régulièrement ordonnée dans l'état actuel de l'instruction, que pourrait-elle ajouter à une démonstration aussi positive, aussi concluante ?

Il s'évertua ensuite à démontrer que le Duc lui-même avait avoué qu'il s'était empoisonné, le soir même du crime, avec de l'arsenic qu'il avait apporté de Praslin.

Cette argumentation à la Ponce-Pilate ne calma point M. de Boissy :

— Je suis de ceux qui pensent, s'écria-t-il avec force, que l'empoisonnement n'aurait pas eu lieu, si tout le monde eût fait complètement son devoir. Je ne suis pas de l'avis du préopinant. Les procès-verbaux dressés par les agents de l'autorité ou les déclarations reçues de personnes qui tiennent de près à la famille de l'inculpé ne peuvent pas faire de preuve pour l'opinion publique.

« On continuera donc à s'étonner que le mot de choléra ait d'abord été prononcé, que l'empoisonnement n'ait pas été immédiatement reconnu à des symptômes qui ne pouvaient, ce semble, échapper aux yeux même les moins exercés ! »

Cette énergique protestation, cette fois, ne fut relevée par personne. Le Grand Référendaire lui-même se tut. Toutefois, M. Barthe, avec l'adresse habituelle des avocats, reprit pour son compte l'argumentation de M. le duc Decazes.

— Comment, demanda-t-il, pourrait-on rendre la Cour responsable d'un fait commis le mercredi 18 août, au soir, alors qu'elle n'était pas encore convoquée régulièrement ?

— Hé bien, répliqua le marquis de Boissy, poursuivez ceux qui ont mal surveillé le Duc ce jour-là ! Vous savez que l'empoisonnement a eu lieu vers dix heures du soir. Il est donc facile...

— Non, interrompit le Chancelier. C'est à quatre heures de l'après-midi que l'arsenic a dû être pris, c'est-à-dire à un moment où M. de Praslin n'était pas encore gardé à vue... D'ailleurs, l'eût-il été, aurait-on pu l'empêcher d'attenter à ses jours ? Des faits de ce genre se produisent dans les prisons les mieux gardées.

Il s'affirmait une volonté très nette d'étouffer l'affaire. Il fallait en finir, et statuer. La Cour

déclara donc que, vu le décès de M. de Praslin,
il n'y avait pas lieu à poursuivre, et elle renvoya
la demoiselle Desportes devant la juridiction ordinaire.

L'arrêt ayant été rendu en présence du Procureur Général et de l'Avocat Général, la séance
fut levée à trois heures cinq minutes.

La Cour des Pairs avait terminé sa tâche. C'était
son tour maintenant d'être jugée.

CHAPITRE VI

REQUIESCANT

Difficilement, à distance, peut-on se faire une idée à peu près exacte de l'émotion soulevée par ce double drame. La France entière s'en occupait. Tous les journaux, de Paris et de province, en étaient pleins. Les hypothèses les plus absurdes, les racontars, les fausses nouvelles, couraient les salons et les boutiques. Chaque jour, quelque incident venait ranimer encore les gazettes languissantes... Il fallait à tout prix conserver la clientèle de Jenny l'Ouvrière qui, à ce que l'on rapporte, s'était écriée en apprenant l'agonie de M. de Praslin :

— Mon Dieu ! Pourvu qu'on ne le tue pas ! Cela m'amuse tant de lire tout ça, chaque matin, dans le journal !

Alors, on multiplie les « échos », qu'ils soient authentiques ou inexacts. On apprend ainsi coup sur coup qu'une ancienne gouvernante de la Duchesse, madame Sarah Parceval, demeurant passage de Tivoli, est morte de douleur au bruit de l'assassinat ; puis qu'une dame de l'aristocratie, affreusement troublée, convaincue que son mari voulait sa mort, s'est jetée par une des fenêtres de son quatrième étage ; on imagine tantôt que Gaston de Praslin, à peine adolescent, a tenté de se suicider par désespoir, tantôt que les orphelins vont présenter une requête au Garde des Sceaux pour changer leur nom en celui de Choiseul-Sébastiani.

L'émotion était violente, surtout parmi le peuple qui croyait dur comme fer que le criminel était passé tranquillement en Angleterre, où Louis-Philippe, pour le remercier de sa bonne conduite et de l'appui qu'il venait de donner à la Monarchie, lui servait une grasse pension... Le soir, des attroupements hostiles se formaient autour de l'hôtel du meurtre ; on lançait des cailloux contre les vitres, on poussait des cris de vengeance.

Des bandes de manifestants apparurent au début de septembre, défilèrent faubourg Saint-Honoré en hurlant *la Marseillaise*, et descendirent en cassant des lanternes jusqu'à la place Royale, où la police finit par intervenir... Dans la désaffection où s'effondrait le régime de Juillet, l'affaire Praslin jouait un terrible rôle, et Louis-Philippe n'avait pas eu tort de signer en tremblant l'ordonnance du 19 août.

L'arrivée du Maréchal, très digne et très noble

dans sa douleur, apporta quelque changement dans les esprits. Après toutes sortes de contre-temps et de contre-marches, sa petite-fille avait fini par le rejoindre à Vevey. Elle lui avait appris la mort tragique de sa mère, avec beaucoup de précautions et sans prononcer le nom de l'assassin. Il se remit en route pour Paris. A Dôle, son médecin acheva de l'éclairer. Le vieux soldat, brisé par cette révélation, se raidit dans sa douleur et s'enferma dans un stoïque silence.

Le 26 août, on le vit apparaître à la porte de la maison fatale. En arrivant, il était allé chez son frère Tiburce, pour causer en détail avec lui ; mais, vers le milieu de l'après-midi, il franchit le seuil ensanglanté. Il traversa la cour, gravit le péristyle, appuyé sur le bras du docteur. Chacun le considérait avec un respect et une douleur infinis. Il pénétra dans le grand salon, mais s'arrêta devant l'entrée de la chambre sinistre. Là, les assistants virent qu'il pleurait.

« L'ordre règne au faubourg Saint-Honoré », lui avait écrit un lâche anonyme.

Il y eut un long silence.

— Cette chambre, déclara le Maréchal de sa voix rude, restera dans l'état où elle se trouve. Je ne veux pas qu'on y touche... Mais j'en ferai murer toutes les ouvertures.

Il dit, et, pesamment, se retourna, et remonta chez lui.

Et comme son médecin lui adressait quelques condoléances :

— Il y a quelqu'un qui est encore plus à plaindre que moi, murmura-t-il. C'est la mère de l'assassin. — Je veux aller la voir.

La vieille duchesse douairière de Praslin était presque aveugle. Elle ignorait le fond de la tragédie. On lui avait dit que sa belle-fille, qu'elle aimait tendrement, avait été égorgée par des voleurs. Désolée, elle réclamait son fils pour pleurer avec lui. On lui apprit qu'il était malade d'une fièvre cérébrale, puis que cette maladie l'avait emporté.

Le Maréchal se transporta chez elle et, avec un tact, une douceur, une bonté dont Paris tout entier s'émut, il mêla ses larmes aux siennes.

Tuteur de ses petits-enfants, il s'occupa ensuite de régler les questions en suspens. Il organisa les détails de leur éducation, les surveilla de près ; le 22 septembre, il réunit toute la famille dans un service funèbre à Notre-Dame du Vaudreuil.

Sa première pensée avait été de ramener en Corse la dépouille mortelle de sa fille. La Cour, mettant de côté l'étiquette, était venue lui faire une visite de condoléances. Il avait demandé qu'on mît à sa disposition le bateau à vapeur *le Pingouin*, pour y transporter les restes de la martyre. On parla quelque temps de ces préparatifs ; mais ensuite il se ravisa, et Notre-Dame de Praslin alla reposer dans la chapelle funéraire de Vaux-le-Vicomte, cette chapelle où elle avait pressenti, deux mois auparavant, qu'elle descendrait bientôt. Elle devait dormir son dernier

sommeil auprès des braves gens qu'elle avait
si souvent secourus, auxquels elle avait prodigué
les trésors de sa charité, et qui lui avaient donné
son rayonnant et mystique surnom.

Un an plus tard, elle y fut rejointe par un com-
pagnon au moins inattendu. Le comte Edgar de
Praslin, qui continuait d'habiter le pavillon dé-
pendant du château, réussit à faire transporter
dans ce caveau de famille les restes de son frère.

Inhumation nocturne et clandestine, comme
celle de l'année précédente. Mais, cette fois, le
curé de Crisenoy, qui avait l'habitude de venir
dire la messe à la chapelle de Vaux, avait été
prévenu. Vers une heure du matin, un fourgon
arriva et stoppa devant les bâtiments de gauche
de la grande cour. On en descendit le cercueil du
criminel et on l'introduisit dans la nef. Là, en
présence du Comte et des concierges, M. et madame Mosnier, le curé donna une absoute. Puis,
on déposa dans les cryptes cette bière maudite,
sans plaque, sans nom, sans rien.

L'assassin reposait désormais auprès de sa victime. La grande paix de la mort, dans le silence
de la campagne, les enveloppait pour toujours.

Et l'énigmatique Henriette ? Fut-elle entraînée
dans la catastrophe qui venait de bouleverser de
fond en comble la famille de Praslin ?

Malgré la fureur populaire, la magistrature

était obligée de reconnaître qu'il n'y avait aucune espèce de preuve, ou de commencement de preuve, de sa participation, même lointaine, au meurtre.

Pour gagner du temps, on la laissa au secret jusqu'au 14 septembre. Ce jour-là, enfin, M. Broussais se décida à l'interroger.

Après lui avoir démontré que le Duc était coupable, il voulut frapper un grand coup :

— M. de Praslin, lui dit-il, a craint le jugement de ses pairs. Il a échappé par un nouveau crime au châtiment qui devait l'atteindre. Mais songez-y bien : cette mort volontaire est l'aveu du forfait dont il vous laisse actuellement la responsabilité devant la justice...

Henriette, frémissante, s'était levée. Elle interrompait le juge d'instruction :

— Ne me dites pas qu'il est mort ! s'écria-t-elle.

M. Broussais se tut. Il ne rétractait rien. Elle retomba sur sa chaise.

— Mort ! mort ! Le malheureux ! soupira-t-elle.

Puis elle se ressaisit et reprit son jeu. Elle continua :

— Quel malheur qu'il ne m'ait pas parlé ! Qu'il ne m'ait rien dit ! Moi qui aurais donné ma vie pour lui, pour ses enfants ! Pourquoi ne m'a-t-il rien dit ? Je l'aurais arrêté, j'en suis sûre !

M. Broussais ne se laissa pas égarer.

— Est-ce bien exact ? demanda-t-il. Tout semble démontrer au contraire que, perdant le bien-être d'une large existence dans la maison de Praslin, vous avez regardé la mort de la Duchesse comme l'unique moyen de ressaisir cette position.

— Non, non, monsieur ! cria l'institutrice. Non, non, elle était trop pénible, cette position ! Certes, j'ai pu regretter mon éloignement, le dire, me voir avec douleur isolée dans la vie, éloignée brutalement de mes chères élèves, mais la pensée d'un crime ne m'était jamais venue, et je me serais fait horreur à moi-même si j'avais songé à la donner à M. de Praslin...

— Nous avons cependant votre correspondance, reprit M. Broussais. Hé bien, dans cette correspondance, on voit percer quelques espoirs pour l'avenir. Vous rêvez de beaux jours sous les ombrages de Vaux, que vous nommez votre demeure chérie, votre maison paternelle, votre paradis... Vous sembliez même assigner le printemps pour l'époque de votre retour.

Mais Henriette n'était pas assez faible pour se laisser convaincre de la sorte.

— Est-ce qu'on voit de beaux jours quand on les achète par un crime ? répliqua-t-elle. Il n'en est plus alors, et la conscience suffit pour notre punition.

Ses yeux bleus brillaient d'un pur éclat. Elle avait trouvé un excellent terrain de bataille :

— Mon Dieu, murmura-t-elle, quand je parlais de beaux jours, je voulais parler à ces jeunes filles auxquelles j'écrivais de l'avenir plus heureux qui les attendait quand elles seraient mariées, quand elles seraient mères, quand elles auraient des enfants qui les aimeraient comme je les ai aimées... Dans une de ces lettres que vous compulsez maintenant, monsieur, je dis à Berthe que je la bercerais sur mes genoux. Est-ce que, si j'avais voulu tuer leur mère, j'aurais pu tenir un tel langage ?

Puis ce furent des sanglots :

— Je pouvais avoir le cœur aigri contre madame de Praslin, mais je n'aurais pas fait tomber un cheveu de sa tête... Je l'aurais sauvée au péril de ma vie... Pourquoi ne suis-je pas morte moi-même ?

Elle s'écroula de nouveau sur sa chaise, en proie au désespoir le plus aigu. On dut terminer l'interrogatoire. Pour la calmer, M. Broussais lui remit une lettre de lady Melgund, son ancienne élève.

Elle la baisa et la serra sur son cœur, cette lettre, éclair d'espoir dans sa menaçante solitude. Elle y répondit, aussitôt rentrée dans sa cellule :

La justice des hommes se trompe quelquefois. J'attends cependant son arrêt avec confiance... Ils peuvent interroger ma vie jour par jour ; ils le feront, et, de leur terrible accusation, il ne restera que la honte de l'avoir encourue, honte indélébile, ineffaçable, qui me tuera. Vous dire cette triste tragédie dans toutes ses phases, je ne le puis... Ils sont orphelins, ces enfants que j'aimais plus que moi-même, et celui qui fut pour moi un ami plus qu'un maître, celui duquel je n'ai reçu pendant six ans que des preuves de bonté et d'affection, celui qui ne m'a jamais dit une parole dure, qui adoucissait sans cesse ce que ma position avait de pénible... Il est mort, mort dans une prison, la conscience bourrelée, et ils disent tous que j'ai provoqué l'affreuse démence qui l'a conduit à cette déplorable mort. Qu'il l'ait prémédit ée, ne le croyez jamais ! C'était le meilleur, le plus excellent des hommes. Il est devenu fou. Oh ! si vous saviez ce qu'était cet intérieur ! Au milieu de cet enfer, chacun perdait la raison. Mais l'adultère, le meurtre comploté dans l'ombre, exécuté de sang-froid, horreur ! C'était impossible.

Le 27 septembre, nouvel interrogatoire, aussi négatif que le précédent. Puis on fit mine d'oublier la prisonnière. Jusqu'au 4 novembre, on essaya d'enterrer complètement la question. Le public, d'ailleurs, commençait à s'en désintéresser un peu. Après une dernière intervention de M. Broussais, il fut reconnu que le non-lieu s'imposait. Le 12 novembre, M. Boucly conclut en ce sens, et, le 17, l'ordonnance fut rendue en chambre du Conseil. Immédiatement, ce fut la mise en liberté.

La liberté ! Mais, comme l'avait prévu l'institutrice dans sa lettre à lady Melgund, ce n'était pas une solution.

Une voiture l'attendait à la porte de la Conciergerie. Elle y monta, se fit conduire chez les

Rémy, seuls amis fidèles ; mais là, elle était encore poursuivie par sa fâcheuse renommée. On savait qu'elle avait rédigé en prison un mémoire justificatif. On lui proposait de l'imprimer ; on lui demandait même de publier sa correspondance avec le duc de Praslin. Et, d'autre part, on la suppliait de n'en rien faire. On chantait dans les rues cette complainte, sur l'air de *la Lionne* :

> Oui, l'on prétend que l'avide scandale
> S'est, aux aguets, placé sur ton chemin ;
> Tu l'entendras, de sa voix sépulcrale,
> Crier l'aumône et te tendre la main.
> De ce forban repousse la présence,
> Sa voix perfide a de vénals accords.
> Ah ! par pitié, respecte le silence,
> Le pieux silence des morts !

Quelques extravagants demandaient sa main, comme il arrive toujours en pareille circonstance. Mais, en somme, elle était sans famille, sans ressources, perdue de réputation et d'honneur.

Que devenir ? Désespérée, doutant de Dieu, haïssant les hommes, elle résolut de mourir, elle aussi, d'aller se faire écraser par quelque voiture. Elle sortit, erra dans les rues, la tête en feu, la raison presque complètement égarée...

Cependant, avant de fuir à jamais une existence qui lui était intolérable, elle voulut prier une dernière fois. Elle entra d'abord dans une église ; mais son éducation ne lui avait laissé aucun attrait pour le catholicisme ; elle ne sentit rien monter de son cœur à ses lèvres... Elle s'enfuit et, le soir, par hasard, elle passa au temple de l'Oratoire.

Le pasteur Frédéric Monod prêchait. Il parlait de soumission à la volonté de Dieu, de patience, de résignation dans la douleur.

Le cœur de la malheureuse se fondit en l'écoutant et, ses yeux, brûlés par la fièvre, versèrent de nouveau des larmes, mais des larmes comme elle n'en avait pas versé depuis bien longtemps. Alors, le prêche fini, sans savoir quel était l'homme qui venait de parler, sans savoir s'il lui serait miséricordieux ou sévère, elle le suivit, et, se jetant à ses pieds, le conjura de la sauver d'elle-même et de lui enseigner cette résignation qu'il venait de prêcher.

M. Monod la releva avec beaucoup de douceur, la calma de son mieux, alla la visiter, et, au bout de deux mois d'examen attentif, la recueillit, avec un courage méritoire, dans sa propre famille. Là, avec un courage bien plus méritoire encore, madame Monod en fit son amie et celle de ses filles.

Désormais, c'est une vie nouvelle pour Henriette. Elle reprend son véritable nom. Avec l'admirable facilité d'adaptation et d'oubli qui caractérise les femmes, elle se modèle sur un plan d'existence tout différent. Elle est entièrement conquise au protestantisme ; bien plus, auprès des Monod et de leur entourage, elle prend la figure d'une victime du fanatisme catholique. Le Duc, libre-penseur, aurait voulu soustraire ses enfants à l'influence du clergé, à l'influence de sa femme, dévote acharnée et fille chérie de l'Église romaine. Pour cela, il s'était fié à mademoiselle Desportes ; mais celle-ci, considérée comme Anglaise et comme protestante, n'aurait cessé d'être persécutée.

C'est sous cet aspect, presque sous cette auréole, qu'elle fut tour à tour accueillie en Normandie, dans un autre ménage de pasteurs, puis en Angleterre, et enfin à New-York dans une institution de jeunes filles où elle enseignait, sous un nom d'emprunt, la langue et la littérature françaises.

Sa santé s'était peu à peu rétablie ; sa taille avait retrouvé la souplesse et l'élégance d'autrefois. Son teint n'avait plus cette pâleur mate qui décelait sa fatigue et son angoisse. Elle rayonnait si bien que le pasteur Harry Field, avec la naïveté de la jeunesse et de l'état ecclésiastique, s'éprit d'elle, et lui demanda sa main.

C'est alors qu'Henriette se souvint de celui de ses anciens juges qui avait semblé lui manifester le plus de sympathie. Le 18 mars 1850, elle écrivit à M. Cousin cette lettre qui mérite de ne pas être oubliée :

Le cœur chargé du terrible secret qui pesait sur moi, j'avais refusé sans hésitation deux établissements avantageux, mais aujourd'hui, c'est le bonheur qui se présente à moi, et je n'ai pas la force de le rejeter sans faire un dernier et suprême effort pour vaincre ma triste destinée. L'homme généreux qui m'offre son nom et sa main connaît toute mon histoire ; il a pleine confiance en moi ; s'il était seul, je n'aurais besoin auprès de lui d'aucun témoignage humain. Mais il appartient à une famille riche et considérée qui ne le verra pas sans peine unir sa destinée à la mienne et qui n'en croira pas aussi facilement mes attestations et mes larmes. Et cependant, monsieur, je n'ai aucune preuve à leur donner. Les papiers saisis chez moi ne m'ont jamais été restitués. Le public n'en a connu que ce qui m'accusait.

Monsieur, pouvez-vous en conscience me rendre ce témoignage que je n'étais pas l'infâme intrigante qu'on a livrée au mépris du monde ? Vous étiez là ; vous m'avez interrogée. Vous connaissiez ce misérable intérieur ; vous avez pu mesurer d'un œil impartial la part que j'ai eue dans ce sombre drame, où j'ai joué en aveugle ma destinée et celle des êtres qui m'étaient plus chers que la vie. Vous savez que ni l'ambition ni l'amour du pouvoir ne m'ont donné l'influence que j'avais sur mes malheureux élèves. Vous avez lu ses lettres, à Lui, et vous savez qu'il ne m'aimait pas.

Mais rappelez-vous, monsieur, que je n'implore pas votre pitié, mais qu'au nom d'un homme d'honneur, j'en appelle à votre honneur. En me laissant le soin de vous écrire moi-même, on m'a imposé le devoir d'être doublement scrupuleuse, et si je vous dis monsieur, que le bonheur de toute ma vie dépend des lignes que vous tracerez, c'est parce que je sais que cela ne peut influencer le témoignage que vous me rendrez.

J'ai l'ambition de croire que vous me connaissez quelque force de caractère. Quoi que vous écriviez, je saurai que c'est l'expression sincère de la pensée d'un homme aussi bon, aussi généreux qu'il est grand aux yeux du monde ; et je m'y soumettrai avec le profond sentiment de reconnaissance et de respect que je vous conserverai jusqu'à mon dernier soupir.

M. Cousin ne pouvait pas être plus sévère que la justice. Il donna son acquiescement au projet du jeune pasteur.

Tout nous dit, d'ailleurs, que celui-ci fut parfaitement heureux. Tour à tour dans le Massachusetts, puis à New-York, où il dirigeait un journal religieux, *The Christian Evangelist*, il trouva chez Henriette une compagne, une collaboratrice idéale. Dans le monde nouveau où elle évoluait, mistress Field conserva son prestige de martyre. Sa maison était le rendez-vous d'une foule de gens éminents dans les lettres et les arts, notamment Mr. Andrew White et mistress Beecher Stowe, le célèbre auteur de *la Case de l'Oncle Tom*.

Rien de tout ceci n'est particulièrement étonnant pour qui connaît la plasticité de certains caractères de femmes. Très sincèrement, elle avait dû finir par croire que la victime, dans l'affaire Praslin, c'était elle.

En tout cas, lorsqu'elle mourut, le 6 mars 1875, en demandant à son mari de ne pas attirer sur elle, de nouveau, l'attention du monde, dont elle avait tant souffert, le bon pasteur Field lui désobéit pour la première fois de sa vie. Et, en l'encadrant d'une préface éplorée et des attestations les plus louangeuses, il publia l'œuvre unique de sa chère et de sa très regrettée Henriette.

Elle portait un titre imprévu : *Home Sketches in France* (Scènes de la vie de famille en France).

Mademoiselle Deluzy, à force de fréquenter l'Amérique et le puritanisme, avait fini par oublier certainement ce que pouvait bien être l'ironie.

Le 9 février 1849, Victor Hugo sortait de l'Académie, où l'on venait de discuter le mot : *accompagner*. Il s'entendit héler dans la cour de l'Institut :

— Monsieur Hugo ! Monsieur Hugo !

Il se retourna. C'était M. le duc Pasquier.

— Vous allez à l'Assemblée ?

— Oui.

— Voulez-vous que je vous y mène ?

— Volontiers, monsieur le Chancelier.

Ils montèrent donc ensemble en voiture, tout en dérangeant un gros chien habitué à prendre ses aises auprès de M. Pasquier.

— Comment vont vos yeux, monsieur le Chancelier ? demanda le **poète**.

— Mal. Très mal.

— C'est une cataracte ?

— Qui s'épaissit. Que voulez-vous ? Je suis comme les gouvernements. Je deviens aveugle.

— C'est peut-être à force d'avoir gouverné, dit Hugo en riant.

Le vieillard prit bien la chose, et répondit par un sourire.

Ils formaient tous deux un étrange couple : l'octogénaire, qui avait, par la chance du 9 thermidor, échappé à la guillotine, le politicien qui, sous tous les régimes, avait infatigablement poursuivi sa carrière, reprenant son équilibre sous l'Empire, la Restauration, la Monarchie de Juillet et qui, même après une seconde Révolution, ne renonçait pas à la lutte ; le poète, rêvant lui aussi d'autres destinées, cherchant à orienter sa voile et qui s'efforçait de retrouver en son interlocuteur l'écho de toute une époque, le témoin des plus extraordinaires bouleversements que la France eût connus. Les yeux profonds sous le large front déjà dégarni, les longs cheveux retombant en crinière dans le cou, il considérait l'ancien Chancelier.

— Ah ! dit celui-ci, tandis que la voiture roulait, voyez-vous, ce n'est pas moi seulement qui m'en vais, c'est tout. Il y a là une suite logique, fatale. Ne sentez-vous pas comme 1847 a amené 1848 ?

Hugo le laissait aller. Il lui semblait entendre le passé juger le présent.

— Quelle année que 1847 ! continuait le vieillard. On y a entendu craquer le vieux monde

vermoulu. Souvenez-vous. D'abord, l'armée a été
ébranlée dans la personne du général Cubières ;
puis, ç'a été le tour de la magistrature avec le
président Teste. Enfin, l'ancienne noblesse a été
écrasée avec le duc de Praslin.

« Ah ! là, on peut dire que les hautes classes
ont reçu le dernier coup. Avec des propos, des
commérages, des choses terribles, on a complètement ruiné ce qui restait de la Chambre des
Pairs.

— Comment ? fit le poète. Le crime d'un seul
ne pouvait cependant entacher la Pairie tout entière !

— Il ne s'est pas agi, devant l'opinion, du
crime d'un seul, reprit M. le duc Pasquier avec
amertume. C'est plus vaste que vous ne le
croyez.

« Savez-vous l'idée que le public s'est forgée
de l'affaire, l'idée effroyable qui nous englobait
tous dans la même réprobation ? Elle est bien
simple, cette idée-là, et vous ne la détruirez jamais : à la Chambre des Pairs l'accusé était un
assassin, et tous les juges des empoisonneurs. »

FIN

TABLE DES MATIÈRES

PREMIÈRE PARTIE

LE ROMAN

DEUXIÈME PARTIE

LE DRAME

E. GREVIN — IMPRIMERIE DE LAGNY — 1926.